Série Diaita: Scripta & Realia
Estudos Monográficos

ESTRUTURAS EDITORIAIS
DIAITA: SCRIPTA & REALIA
ESTUDOS MONOGRÁFICOS

ISSN: 2183-6523

DIRETOR PRINCIPAL
MAIN EDITOR

Carmen Soares
Universidade de Coimbra

ASSISTENTE EDITORIAL
EDITORAL ASSISTANT

João Pedro Gomes
Universidade de Coimbra

Estrabão

Geografia
Livro III

Introdução, tradução
do grego e notas

Jorge Deserto
Susana da Hora Marques Pereira

IMPRENSA DA UNIVERSIDADE DE COIMBRA
COIMBRA UNIVERSITY PRESS

ANNABLUME

Série DIAITA
Scripta & Realia

Título Title
Estrabão, Geografia. Livro III. Introdução, tradução do grego e notas
Título Inglês
Estrabão, Geography. Book III. Introduction, greek translation and notes

Autores Authors
Jorge Deserto e Susana da Hora Marques Pereira

Editores Publishers
Imprensa da Universidade de Coimbra
Coimbra University Press

www.uc.pt/imprensa_uc

Contacto Contact
imprensa@uc.pt

Vendas online Online Sales
http://livrariadaimprensa.uc.pt

Coordenação Editorial Editorial Coordination
Imprensa da Universidade de Coimbra

Capa - Fotografia Cover - Photo
Por HansenBCN (Obra do próprio) [GFDL (http://
www.gnu.org/copyleft/fdl.html) undefined CC BY-SA
4.0-3.0-2.5-2.0-1.0 (http://creativecommons.org/licenses/
by-sa/4.0-3.0-2.5-2.0-1.0)], undefined

Conceção Gráfica Graphics
Rodolfo Lopes, Nelson Ferreira

Infografia Infographics
PMP, Lda.

Impressão e Acabamento Printed by
CreateSpace

ISBN
978-989-26-1225-6

ISBN Digital
978-989-26-1226-3

DOI
http://dx.doi.org/10.14195/978-989-26-1226-3

Depósito Legal Legal Deposit
416375/16

Publicação financiada pela Fundação Calouste Gulbenkian,
no âmbito do:
Concurso anual de 2014 de Apoio a Projectos de Investigação
no domínio da Língua e Cultura Portuguesas.

© Agosto 2016
Imprensa da Universidade de Coimbra
Classica Digitalia Vniversitatis Conimbrigensis
http://classicadigitalia.uc.pt
Centro de Estudos Clássicos e Humanísticos
da Universidade de Coimbra

A ortografia dos textos é da inteira responsabilidade dos autores.

Estrabão, *Geografia*, livro III

Strabo, *Geography*, book III

Autores Authors
Jorge Deserto & Susana da Hora Marques Pereira

Filiação Affiliation
Universidade do Porto & Universidade de Coimbra

Resumo
Resumo: O tomo III da *Geografia* estraboniana descreve a Ibéria a partir da perspectiva de um Grego em Roma entre os reinados de Augusto e de Tibério, dos quais o autor era contemporâneo. Testemunha da expansão romana para os confins da Europa, o geógrafo de Amásia sublinha o importante papel civilizador e pacificador de Roma no extremo ocidental do mundo conhecido. Nesta edição, apresenta-se a tradução do texto grego, acompanhada de notas explicativas, bem como uma introdução geral que contempla elementos sobre o autor e o conjunto da sua obra, uma breve apresentação das fontes que mais influenciaram o geógrafo e um plano do livro III. O volume inclui ainda um índice de termos geográficos e outro de fontes antigas, um mapa ilustrativo dos contornos de regiões descritas por Estrabão e uma bibliografia final.

Palavras-chave
Estrabão, geografia, Ibéria, Hispânia, Lusitânia

Abstract
The third book in Strabo's *Geography* describes Iberia from the viewpoint of a Greek citizen living in Rome during the rules of Augustus and Tiberius, both Roman emperors in Strabo's lifetime. Having himself witnessed the expansion of the Roman Empire to the western edge of Europe, the geographer from Amaseia highlights the importance attributed to the civilizing and appeasing role exercised by Rome in the westernmost region of the known world. This present edition contains the translation of the Greek text complemented by explanatory footnotes as well as an introduction that includes elements of general interest about the author and his work, a brief outline of the most influential sources in the geographer's writings and the structure of book three of his *Geography*. In addition the current publication also features an index of geographical terms and another with ancient sources, a map illustrating the contours of the regions referenced by Strabo and a detailed bibliography at the end.

Keywords
Strabo, geography, Iberia, Hispania, Lusitania

AUTORES

JORGE DESERTO é professor auxiliar da Faculdade de Letras da Universidade do Porto, bem como investigador do Centro de Estudos Clássicos e Humanísticos da Universidade de Coimbra e membro do projeto DIAITA, da mesma Universidade. Completou o seu doutoramento em 2007, na área da Literatura Grega, com uma dissertação intitulada *A personagem no teatro de Eurípides. Tradição e Identidade na Electra*. Os aspectos mais relevantes da sua investigação incluem a realização de conferências e a publicação de artigos nas áreas da cultura e literatura gregas, da permanência do legado clássico e da *Geografia* de Estrabão. Tem leccionado sobre uma vasta gama de temas, desde latim e grego clássico a Literatura e Cultura Gregas, didáctica das línguas clássicas e do português, história do teatro e da produção teatral na Antiguidade ou metodologia do trabalho científico.

SUSANA DA HORA MARQUES PEREIRA, professora auxiliar do Instituto de Estudos Clássicos da Faculdade de Letras da Universidade de Coimbra, é membro do Centro de Estudos Clássicos e Humanísticos da FLUC e do projeto DIAITA. Fez o seu doutoramento em 2006, na área de Literatura Grega, tendo apresentado a dissertação 'Sonhos e visões na tragédia grega'.
De entre o seu trabalho de investigação destaca-se a apresentação de conferências e estudos, de natureza científica e pedagógica, nas áreas de literatura grega, perenidade da cultura clássica, didáctica das línguas clássicas, literatura novilatina em Portugal, geografia estraboniana.
Tem leccionado disciplinas de língua grega e latina, de literatura e de cultura grega, de didáctica das línguas clássicas, de história do teatro e do espectáculo, de estudos europeus, de português para estrangeiros, de metodologia do trabalho científico.

AUTHORS

JORGE DESERTO is a lecturer at the Faculty of Humanities of the University of Oporto as well as being a registered member of the department of Classical and Humanistic studies and part of the DIAITA project at the University of Coimbra. He completed his PhD in 2007 on the subject of Greek Literature with a dissertation entitled "Characters in Euripides' Theatre. Tradition and Identity in *Electra*". The most prominent aspects of his research work include the delivery of seminars and the publication of scientific material in the areas of Greek Studies, the perennials of Classical Culture and Strabo's *Geography*. He has lectured in a wide variety of subjects ranging from Latin and Classical Greek to Greek Literature and cultural studies, the didacticism of classical and Portuguese languages, the history of theatre and theatre production and the methodology of scientific work.

SUSANA DA HORA MARQUES PEREIRA is a lecturer at the Institute of Classical Studies in the Faculty of Humanities of the University of Coimbra as well as being a registered member of the department of Classical and Humanistic studies and part of the DIAITA project at the aforementioned university. She completed her PhD in 2006 on the subject of Greek Literature with a dissertation entitled "Dreams and visions in the Greek tragedy". The most prominent aspects of her extensive research work include the delivery of seminars and the publication of scientific and educational material in the areas of Greek studies, the perennialism of the Classical Culture, the teachings of Classical languages, the Neo-Latin Literature in Portugal and Strabo's *Geography*. She has lectured in a wide variety of subjects ranging from Latin and classical Greek to Greek literature and cultural studies, the didacticism of classical languages, the history of theatre and stage production, European studies, Portuguese for speakers of other languages and the methodology of scientific work.

Sumário

Nota prévia

Este volume, integrado nas publicações do Projecto DIAITA – património alimentar da lusofonia -, pretende dar a conhecer, a um público o mais
amplo possível, uma versão portuguesa do livro III da *Geografia* de Estrabão,
dedicado à Península Ibérica.

A ausência de uma tradução portuguesa de larga divulgação evidencia
ainda mais a necessidade de um trabalho como aquele que agora aqui se
propõe. Note-se que a tradução de José Cardoso, editada em 1994, embora
extremamente louvável, já acusa, aqui e além, ligeiras marcas do tempo. Além
disso, preocupa-se, de forma notável, em esclarecer questões gramaticais, mas
não dá a mesma atenção à contextualização cultural e geográfica, por breve
que seja, matéria que nos parece relevante para um leitor menos familiarizado
com os temas da Antiguidade. Acresce ainda, e este é o principal factor,
que se trata de uma obra difícil de encontrar e que não cumpre, por isso, o
desiderato de levar o trabalho do geógrafo de Amásia a um número amplo
de falantes de Português.

Os autores estão também cientes de que existem, em diversas línguas,
traduções de grande qualidade, integradas em edições muito completas
e que fazem tratamentos particularmente desenvolvidos de muitas das
questões que podem levantar-se a propósito da descrição estraboniana da
Península. É o caso, nomeadamente, do volume de J. Gómez Espelosín, G.
Cruz Andreotti e M.V. García Quintela, publicado em 2007 e reimpresso em
2012, sob a chancela da Alianza Editorial, Madrid. Esta edição, pela forma
aprofundada como aborda algumas matérias, revelou-se um auxiliar precioso
para o trabalho que aqui se apresenta. No entanto, tal como acontece com
outras traduções que é possível encontrar em diversas línguas, não resolve
a lacuna fundamental que está na base do presente volume: suprir a falta
de uma versão actualizada e facilmente acessível, em Português, do texto de
Estrabão relativo à Península Ibérica. Pressupor que é indiferente a língua na
qual o leitor falante de Português – e desconhecedor do Grego antigo – lê a
obra de Estrabão é um modo de diminuir a língua e a cultura lusófonas. Por
essa razão, aquilo que esta edição pretende oferecer, acima de tudo, é uma
tradução, para Português, do livro III da *Geografia*, acompanhada de uma
especial atenção quanto ao trecho que refere a Lusitânia, por razões que se
explicam a si mesmas.

Para além de uma tradução o mais fiel possível ao original grego, este
volume conta com uma introdução, que visa contextualizar os aspectos mais

importantes – e apenas esses –, quer no que respeita ao autor e à sua obra, quer no que concerne à organização do livro III, às suas fontes e às particularidades do espaço geográfico a que se reporta. A tradução é acompanhada por um conjunto de notas de rodapé, que intentam alertar para alguns passos menos claros e dar informação sobre figuras ou acontecimentos referidos no texto, ainda que de modo breve. Optou-se por concentrar no final do volume um índice de termos geográficos, devidamente assinalados por asterisco ao longo da tradução, cada um dos quais objecto de uma explicação sucinta. Esta opção não tem outra razão senão o facto de muitos desses termos se repetirem ao longo do tomo III da *Geografia*, pelo que pareceu mais ajustado referi-los no final em vez de os sujeitar a um sistema, mais incómodo, de referências cruzadas nas notas de rodapé.

O texto grego que serviu de base à presente tradução foi o da sua edição mais recente, e de todas a mais completa, realizada por Stefan Radt e publicada já no início deste século XXI. Não se deixou contudo de ter em atenção as edições da Colecção Budé (de F. Lasserre) e da Loeb Classical Library (de H. Jones).

Destinado sobretudo ao público em geral, este volume poderá ser especialmente útil a todos os que se interessam pela história da Geografia, pela Arqueologia peninsular, assim como pela história e geografia da Península Ibérica, embora não dispense, para o leitor que deseja uma visão mais completa e ampla, a consulta de outros títulos, entre os quais os que se incluem na lista bibliográfica final.

Os autores da tradução que aqui se apresenta deixam uma palavra especial de agradecimento ao Prof. Doutor Jorge de Alarcão, especialista em História do Portugal Romano, pelas observações que fez, em particular relativas ao capítulo terceiro. Agradecem de igual modo as sugestões da Prof. Doutora M. Fátima Silva a propósito da tradução, bem como preciosos esclarecimentos pontuais, relacionados com as notas, dos Profs. Doutores António Campar, Carmen Soares, José Ruivo e da Dra. Isabel Almeida.

Introdução

I. O autor e a obra

Como acontece com muitos outros autores da Antiguidade, seria útil saber mais acerca de Estrabão de Amásia, autor de origem grega, a viver à sombra do Império Romano, na transição entre os séculos I a.C. e I d.C. (terá nascido por volta de 64/63 a.C. e terá vivido até cerca de 24 d.C., datas todas elas sujeitas a alguma controvérsia, como se verá adiante). De facto, as informações biográficas conhecidas são escassas e decorrem daquilo que o próprio Estrabão vai dizendo ao longo da sua *Geografia*. Isto significa que tudo o que se sabe acerca deste autor resulta das escolhas do próprio, daquilo que ele decide revelar ou ocultar. As várias informações que se podem recolher não se apresentam, além disso, de forma organizada: são pequenos trechos, a propósito de um lugar ou de uma figura, que, espalhados ao longo do texto, permitem desenhar um quadro incompleto e sempre rodeado de alguma dose de incerteza. Significa isto também que falar da vida deste homem é, ao mesmo tempo, falar da sua obra, já que uma e outra aparecem irremediavelmente ligadas.

Sabe-se que é originário da cidade de Amásia, no Ponto (12. 3. 15 e 39). De acordo com o que diz, a sua família, especialmente do lado materno, gozava de alguma importância na corte mitridática e foi sofrendo, com sortes variáveis, as consequências da sua fidelidade ou das suas traições em relação aos soberanos do Ponto (cf. 10. 4. 10; 11. 2. 18; 12. 3. 33)[1]. Foi, ainda jovem, aluno de Aristodemo de Nisa[2], erudito que, já no final da vida, ensinou na sua cidade natal, depois de, anteriormente, se ter encarregado, em Roma, da educação dos filhos de Pompeio. Terá sido ainda aluno do gramático e peripatético Tirânio[3], possivelmente em Roma, e também do filósofo Xenarco de Seleuceia (cf. 14. 5. 4), que apresenta como amigo de Augusto, e de Boeto de Sídon, com o qual afirma ter estudado a obra de Aristóteles[4].

---

[1] Cf. Aujac 1969: x-xiii; Clarke 1997: 99.

[2] Cf. 14. 1. 48. Nisa foi uma cidade da Ásia Menor, pertencente à Cária ou à Lídia. Durante o período de dominação romana, estava integrada na província da Ásia, cuja capital era Éfeso, a cerca de 50 km. Situa-se em território actualmente integrado na Turquia.

[3] Cf. 12. 3. 16 e Aujac 1969: xiii. A autora acrescenta que Tirânio foi professor dos filhos de Cícero e que este o apresentava como uma autoridade em termos de geografia (cf. Cic. *Ad. Att.* 2. 6, cujo texto parece abrir-se a outras hipóteses de interpretação, para lá daquela que lhe é conferida pela investigadora francesa).

[4] Cf. 16. 2. 24. Note-se que estas informações, aqui ordenadas em sequência, aparecem, na *Geografia* de Estrabão, nos passos em que se referem as cidades de que cada uma destas figuras era originária, ou seja, Nisa (Aristodemo), Seleuceia (Xenarco) e Sídon (Boeto). No caso de Tirânio, esta figura aparece, excepcionalmente, ligada a Roma e não à sua cidade natal,

Dá também notícia de várias viagens que realizou. Fica-se a saber de uma travessia do mar Egeu, da Ásia Menor em direcção a Corinto, com passagem pela ilha de Gíaros, que é possível datar de 29 a.C. (10. 5. 3). Por volta de 25/24 a.c. acompanhou o seu amigo Élio Galo[5] numa viagem ao Egipto, na qual subiu o Nilo até às fronteiras do território da Etiópia (2. 5. 12; 17. 1. 24). Parece certo que conheceria bem vários territórios da Ásia Menor, bem como a Grécia (é controverso até que ponto)[6], Roma e boa parte da Península Itálica. Fica por saber, como já se tornou evidente, de que modo estas viagens contribuem para o tornar um profundo conhecedor do mundo que descreve na sua obra, tema a que é forçoso regressar, mais adiante.

O rumo principal das viagens efectuadas por Estrabão, com excepção da deslocação ao norte de África, acaba por funcionar como espelho do contexto em que vive. Há claramente um eixo entre a Ásia Menor, de onde é natural, região de profunda influência grega, e a Roma que constituía a cabeça de um domínio político cada vez mais amplo e mais eficaz. Estrabão vive numa época de reconfiguração do mundo e a própria dinâmica daquilo que se consegue apreender da sua vida integra-se nesse movimento de reconfigu-ração. Um autor de língua grega, educado no mundo grego, profundamente embebido na cultura, na literatura e na filosofia gregas, mas que, ao mesmo tempo, se ajusta, de forma harmoniosa, ao crescente poder e influência de um Império que vai já ocupando a maior parte do mundo conhecido, e que ele elogia e exalta. A história desses tempos faz-se, em larga medida, desse movimento: um poder político cada vez com maior ascendente que absorve, de forma ávida, uma dinâmica cultural claramente superior e mais profunda, deixando-se redesenhar por ela, sem, ao mesmo tempo, perder muitas das suas fundamentais características. À sua medida, Estrabão é um dos actores desse processo. Por isso, Catherine Clarke pode afirmar, a propósito da posição em que podemos colocar Estrabão:

> We can see the *Geography* less as a unique creation by a Greek from the mar-gins, and more as a perfect reflection of the first-century phenomenon of great geographical complexity whereby intellectuals from various parts of Asia Minor were given a Greek education in the coastal cities and brought that mixture

---

Amiso, no Ponto. Isto significa que as várias referências à vida do geógrafo não se organizam, claramente, de acordo com um plano, mas ao sabor do percurso que a própria obra vai fazendo ao longo da *oikoumene*.

[5] Governador do Egipto e líder de uma campanha militar, não particularmente bem sucedida, à Arábia. Terá escrito obra sobre medicina. Estrabão chama-lhe "amigo e companheiro", o que constitui claro indício do seu bom relacionamento com a elite romana do tempo de Augusto (cf. Clarke 1997: 99).

[6] Cf. Clarke 1997: 99.

of outlooks both physically to Rome and conceptually to their accounts of its Empire[7].

Se, ao mesmo tempo, se olhar para o nome do autor, também este simboliza esta indecisão entre dois mundos, já que não se torna claro se é um nome grego, que provenha dos seus pais e da sua ascendência familiar na Ásia Menor, ou se, por outro lado, é um nome que adquire posteriormente, no momento em que recebe a cidadania romana[8]. O mesmo se pode dizer da condição física que o nome indica (o estrabismo), da qual não existem quaisquer sinais de que pudesse aplicar-se ao próprio geógrafo, embora também aí pudessem encontrar-se leituras simbólicas. Como sugere Pothecary, mais do que qualquer leitura objectiva e factual, que a informação disponível limita, o nome Estrabão ajuda a situar o autor nesse lugar entre dois mundos que progressivamente se ajustam:

> The significance of our geographer's name resides not in its categorization as either 'Greek' or 'Roman' but precisely in the difficulty of making such a categorization in his particular case. The meaning of the name lies not so much in the vivid physical image it evokes as in what it tells about the bicultural world into which our geographer was born[9].

Convém notar, além disso, que o geógrafo, nunca, ao longo da sua obra, indica o seu nome[10]. A sua presença é, por regra, representada por uma primeira pessoa do plural[11], que cria algum distanciamento em relação ao conteúdo – e que seria habitual em autores que lhe serviram de fonte e modelo, como Políbio – mas que não deve iludir completamente em relação à capacidade crítica e à força de alguns juízos pessoais que vão perpassando ao longo da *Geografia*[12].

O tratado de Estrabão que apresenta a súmula dos conhecimentos geográficos do seu tempo é uma obra longa, em 17 livros, que, nas modernas traduções completas, ocupa, por regra, vários volumes. Não terá sido, no entanto, a mais longa obra deste autor, que, antes da *Geografia*, terá escrito

---

[7] 1997: 109.

[8] Pothecary 1999 debruça-se atentamente sobre esta questão.

[9] Pothecary 1999: 703.

[10] Clarke 1997 trata mais longamente este aspecto. Cf. idem: 98, n. 32, para as razões que autorizam a atribuição deste tratado a Estrabão, apesar de o geógrafo nunca explicitamente declinar o seu nome.

[11] Note-se que esta primeira pessoa do plural é, frequentemente, em várias traduções modernas, vertida, de forma absolutamente legítima, pela primeira pessoa do singular.

[12] Para uma breve defesa da necessidade de atentar na originalidade do contributo estraboniano, apresentada como uma tendência mais recente dos estudos sobre o autor, cf. Gómez Espelosín et al. 2012: 33-34.

uma *História*, em 47 livros, da qual nos restam apenas 19 magros fragmentos, que não permitem qualquer julgamento sustentado. Esta obra teria como propósito relatar os acontecimentos já não cobertos pela obra de Políbio (*Ta meta Polybiou*, de acordo com a informação da *Suda*) e a sua existência pode ajudar a explicar, apesar da natureza diversa de ambos os trabalhos, algumas das omissões da *Geografia*. O próprio Estrabão, em determinado momento (11. 9. 3), afirma que não irá tratar das leis e das instituições dos Partos, porque esse tema já havia sido abordado no sexto livro da sua *História*. Ao não conhecer esta sua primeira e mais longa obra, perde-se, para lá do que seriam certamente muitas informações relevantes, a noção do modo como Estrabão articularia aquilo que entendia como matérias próprias da História e aquilo que deveria pertencer à Geografia[13].

Os 17 livros da *Geografia* são, ainda assim, testemunho de monta. Como afirma Katherine Clarke[14], "as far as we know this was the first real attempt to provide an account of the whole Roman world, the first universal geography". Não é possível deixar de registar a envergadura do projecto e o seu papel precursor, mas é verdade, igualmente, que, em termos de organização, há nele uma relativa simplicidade. Após dois livros de introdução, Estrabão propõe, nos quinze livros restantes, um périplo em redor do Mediterrâneo, avançando no sentido dos ponteiros do relógio, com ponto de partida na Ibéria, seguindo pela Europa, pela Ásia Menor, até chegar à Índia, regressando depois pelo sul, até ao Norte de África e ao território da Líbia. Uma breve apresentação esquemática poderá deixar mais claro de que modo esta viagem se reparte pelos vários livros da *Geografia*[15]:

Livros 1-2: Introdução. Apresentação dos princípios e dos propósitos que organizam o trabalho. Crítica dos antecessores.
Livro 3: Ibéria.
Livro 4: Gália; Britânia.
Livros 5-6: Itália; Sicília.
Livro 7: Europa do Norte; área situada a sul do Istro[16]; Epiro; Macedónia; Trácia.
Livros 8-10: Peloponeso; Grécia do sul e central; ilhas.
Livro 11: Ásia; áreas a norte do monte Tauro; Pártia; Média; Arménia.

---

[13] Essa articulação entre História e Geografia, que em larga medida se faria de acordo com pressupostos diferentes daqueles que delimitam estas ciências nos dias de hoje, é analisada num livro de Katherine Clarke, no qual, para além de Estrabão, a autora se debruça também sobre Políbio e Posidónio (cf. Clarke 1999).

[14] Clarke 1999: 312.

[15] O esquema apresentado baseia-se nas descrições, muito próximas entre si, feitas por Aujac 1969: xliii e Clarke 1999: 195.

[16] Danúbio.

Livros 12-14: Península da Ásia Menor.
Livro 15: Índia; Pérsia.
Livro 16: Território entre a Pérsia, o Mediterrâneo e o Mar Vermelho.
Livro 17: Egipto; Líbia.

A simplicidade atrás referida, no sentido de que é a própria progressão geográfica que suscita os vários assuntos a tratar, não reduz a necessidade de uma investigação aprofundada e de um processo de recolha de dados que terá sido certamente moroso e prolongado no tempo. Isto leva a outra das questões controversas e não resolvidas a propósito desta obra: a data e o local da sua composição. É um tema que está longe de conduzir a consensos, como o demonstra cabalmente o facto de os três editores de uma obra colectiva sobre Estrabão, publicada já neste século XXI, concordarem em discordar acerca dele[17]. Como acontece com várias outras questões, a multiplicidade de respostas decorre da forma como se interpreta a informação que o geógrafo produz ao longo da sua obra, já que, como se viu, esta se apresenta como fonte quase única para solucionar os problemas que o seu próprio texto levanta. Assim, o ponto de partida para delimitar o período de vida do geógrafo grego – que se liga, de forma directa, ao estabelecimento de uma data para a composição do texto – tem sido, ao longo do tempo, a hipótese formulada, no final do século XIX, por Niese: de acordo com este autor, quando Estrabão usa expressões como *kath' hemas* ou *eph'hemon* ('no nosso tempo')[18], e fá-lo frequentemente, estará a referir acontecimentos que já se verificaram no seu período de vida. Deste modo, Niese chega à conclusão de que os acontecimentos mais recuados que se acolhem sob esta expressão obrigam a colocar o nascimento de Estrabão em 64/63 a.C., data que continua a ser maioritariamente referida como marco para o seu nascimento. Do mesmo modo, atendendo à forma como Estrabão usa expressões como *nyn* ('agora') e *neosti* ('recentemente'), Niese sugeriu um tempo de redacção único, no final da vida do autor, que teria decorrido entre 18 e 19 d.C. Tal hipótese evidenciaria um Estrabão octogenário, a redigir uma obra deste fôlego no período de apenas dois anos. Acresce ainda que o acontecimento mais tardio referido na *Geografia*, a morte de Juba, rei da Mauritânia (17. 3. 7), pode ser datada de 23 d.C.[19],

---

[17] Cf. Dueck et al. 2005: 2. As posições de cada um são mais longamente defendidas em Lindsay 1997, Dueck 1999 e Pothecary 1997 e 2002.

[18] O autor valoriza também o uso da expressão *mikron pro hemon* ('pouco antes do nosso tempo'), que, na sua opinião, se referiria a acontecimentos decorridos pouco antes do nascimento do geógrafo. Para a dificuldade de se entender esta expressão sempre desta forma, cf. Clarke 1997: 102 e 1999: 283.

[19] Niese, ao que parece sem grande fundamento, contestou esta datação.

o que pressupõe que Estrabão tenha vivido, pelo menos, até 24 d.C. – e esta é a data que, de facto, é normalmente indicada para assinalar a sua morte.

É a partir deste quadro inicial que surgem, ao longo do tempo, outras hipóteses. Se a possibilidade de uma redacção concentrada no tempo, próxima do final da vida do autor, continua a ter os seus seguidores[20], há quem defenda a existência de duas versões da *Geografia*, a primeira composta num período bastante recuado da vida do autor, e uma segunda, igualmente realizada por Estrabão, já na parte final da sua vida, que terá resultado numa actualização de muitos dos temas tratados, bem como da eventual retirada de outros que tivessem, entretanto, perdido actualidade ou relevância[21]. Há também quem proponha[22] que Estrabão deixou o seu trabalho incompleto e que muitas das incongruências resultam de notas que o geógrafo tinha deixado nas margens do seu texto e que terão sido integradas de forma incorrecta e arbitrária, já sem o auxílio da mão de Estrabão, no texto principal. Como se compreende, todas estas hipóteses têm como principal base de sustentação o próprio texto de Estrabão e este, por ser tão amplo, fornece material suficiente para servir de apoio às mais variadas propostas, assim cada autor escolha destacar e valorizar os passos que mais ajudam o seu argumento. Por outro lado, um texto tão extenso leva a uma outra conclusão, que é sensatamente lembrada por Katherine Clarke[23], quando diz que uma obra desta envergadura teve certamente um longo e duradouro processo de acumulação de dados e, provavelmente, um também longo e duradouro processo de escrita, o que parece manifestar-se no modo como referências temporais que implicam proximidade se espalham no tempo num arco que pode abranger cerca de sessenta anos. De facto, muitas das análises mais recentes sublinham até que ponto são falíveis, e de algum modo contraditórias, dada a sua abrangência temporal tão alargada e díspar, expressões como *kath' hemas* e outras semelhantes, que estavam na base da teoria formulada por Niese no século XIX. Assim sendo, será mais lúcido não exigir ao texto de Estrabão o tipo de informação que ele não consegue dar de forma satisfatória e olhar para uma obra desta dimensão como um longo caminho de recolha, tratamento e harmonização de informação.

---

[20] Aly 1957 terá sido um dos mais influentes, estimando um tempo de composição bastante mais amplo do que aquele sugerido por Niese. Mais recentemente, também Dueck 1999 (propõe 18-24 d.C) e Pothecary 2002 (sugere 17-23 d.C.) defenderam a hipótese de uma redacção concentrada no tempo.

[21] Dois dos mais citados defensores desta teoria são Pais 1908 (redacção inicial até 7 a.C., revisão por volta de 18 d.C.) e Syme 1995 (redacção inicial por volta de 3 d.C., revisão em 18 d.C; note-se que os trabalhos de Ronald Syme foram escritos na década de 40 do século XX, tendo sido publicados postumamente em 1995).

[22] Cf. Diller 1975.

[23] Cf. Clarke 1999: 285.

Mais produtivo poderá ser, certamente, prestar alguma atenção ao modo como Estrabão se refere àqueles que apresenta como destinatários da sua obra. A *Geografia* pretende ser útil a uma determinada elite, a dos homens de acção, que dispõem de poder político e militar. Por isso o autor de Amásia afirma que *em larga medida a geografia serve as necessidades da administração do estado* (1. 1. 16) e, mais adiante, no mesmo capítulo, diz ainda o seguinte: *é, de facto, evidente que toda a geografia prepara os detentores do poder para a acção.* Se, por um lado, pode ser útil em assuntos de pouca importância, como, por exemplo, a caça – como poderá alguém ser um bom caçador, se não conhecer bem os terrenos que pisa? –, pode ser ainda mais útil nas matérias de grande importância, pois aí o desconhecimento de lugares e de povos, de estradas e de rios, de costumes e de cultos, arrisca-se a causar infortúnios muito mais pesados e dolorosos (cf. 1. 1. 17). A súmula em relação aos destinatários da obra, que resulta num desenho um pouco mais amplo, surge pouco mais adiante (1. 1. 22):

> Em suma, convém que esta minha obra interesse tanto ao homem de estado como ao público em geral, tal como aconteceu com a minha História. E aqui, quando falamos de homem de estado não <nos referimos> a alguém que seja completamente inculto, mas àquele que toma parte do conjunto de estudos habituais no percurso de homens livres e que se dedicam ao saber.

Se, por um lado, parece um pouco difícil de entender a referência ao 'público em geral' (*demofeles*), certo é que Estrabão se preocupa essencialmente em definir o que entende por 'homem de estado' (*politikos),* termo que também poderia ter sido traduzido, eventualmente, seguindo a opção de alguns tradutores, por 'cidadão activo' ou 'cidadão empenhado'. Está-se claramente a falar de pessoas cuja preparação foi feita a pensar na vida pública e na participação, a vários níveis, em tarefas de administração e governo. Não é arriscado pensar que muitos desses destinatários estariam entre os membros da elite de Roma, no seio da qual, como já se viu, Estrabão parecia movimentar-se à vontade. Estes tempos de domínio amplo de Roma exigiam actores políticos que fossem capazes de agir, com conhecimento de causa, num palco cada vez mais vasto. Mas é igualmente lícito pensar que, entre os destinatários da *Geografia*, figurasse uma larga fatia de raiz helénica, tanto no território grego como na Ásia Menor, também ela a necessitar de conhecer esta nova ordem do mundo, com centro em Roma, que o trabalho de Estrabão reflecte[24]. Mais ainda quando, como acontece nesta obra, tudo assenta numa matriz de origem grega e grande parte dos lugares e dos povos

---

[24] Cf. Gómez Espelosín et al. 2012: 26-29.

descritos são enquadrados por tradições de origem grega, provenientes da literatura ou de outras matrizes culturais de origem helénica – de algum modo, o domínio político de Roma, que Estrabão parece secundar, não deixa de ver-se debaixo dos laços desta poderosa influência cultural, também ela, a seu jeito, dominadora.

Se há outro aspecto de que o geógrafo de Amásia tem clara noção é da dimensão da sua obra. E Estrabão sabe igualmente que não se olha para uma montanha da mesma forma que se observa uma flor. Quando fala de uma *obra colossal* (*kolossourgia*)[25] é para também melhor adestrar o olhar do leitor (1. 1. 23):

> Tal como, nas estátuas colossais, não procuramos a exactidão de cada pormenor, mas nos viramos sobretudo para o efeito do conjunto, para ver se, no geral, é agradável, também assim deve fazer-se o julgamento destes livros[26]. Pois também este é uma espécie de obra colossal, que procura lidar com grandes temas e visões de conjunto, excepto se algumas matérias menores tiverem o poder de atrair o interesse do estudioso ou do homem de acção.

A comparação com as enormes estátuas que povoavam o mundo grego não pode ser mais clara: há obras que apenas fazem sentido se olhadas no seu conjunto, procurando o efeito que esse conjunto, pela sua dimensão, produz. Isso significa, ao mesmo tempo, que é essa dimensão a sua principal mais-valia e é nela – na capacidade de retratar a *oikoumene* de uma ponta à outra – que o julgamento actual deve firmar-se. Repare-se, no entanto, como uma espécie de mecanismo de defesa deixa logo uma abertura para a excepção e para a descida ao pormenor – defesa justificada, já que, ao longo do texto, é bem visível uma alternância, nem sempre compreensível, entre o olhar distante, que percorre um território vasto apontando as suas características principais, e o olhar que, por vezes de forma inopinada, se detém e trata com vagarosa demora um ou outro tema.

Para construir uma obra desta envergadura é necessário compilar muita informação. Estrabão, além disso, fala com orgulho das viagens que realizou e afirma que *não se encontra outra pessoa, nem sequer um único daqueles que escrevem sobre geografia, que tenha viajado muito mais do que as distâncias que acabámos de mencionar* (2. 5. 11)[27]. Mas, ao mesmo tempo, defende que a fonte

---

[25] A importância do uso deste termo por Estrabão e o valor do paralelo que estabelece com as obras colossais da estatuária grega são temas desenvolvidos em Pothecary 2005.

[26] O plural deverá referir-se também à *História*, já que Estrabão havia, pouco antes, referido as duas obras em conjunto. Cf. Pothecary 2005: 5, n.2.

[27] Segundo as suas palavras, viajou, para oeste, desde a Arménia até à Tirrénia (actual Toscânia) e, para sul, desde o Mar Euxino até às fronteiras da Etiópia. Como já vimos, é impossível determinar com que profundidade conhecia efectivamente os territórios concentrados neste intervalo.

principal de conhecimento do geógrafo não é aquilo que vê, mas o conjunto de informações que recolhe das mais variadas fontes. E o mesmo homem que, pouco antes, tinha apresentado, com justificável alegria, o percurso das suas viagens, os lugares a que acedera directamente, sublinha, pouco depois, que, mais do que o olhar, é o que se ouve da boca de outros que mais ajuda a construir uma sólida visão de conjunto. E remata (2. 5. 11):

> Quem pensa que apenas os que viram com os próprios olhos têm conhecimento, anula o tipo de julgamento que é próprio da audição, e este, no que a esta ciência diz respeito, é muito mais importante do que os olhos.

Poder-se-ia, também aqui, estar diante de uma atitude defensiva por parte de um autor que tem a consciência de que não viu e não conhece grande parte das regiões que vai descrever. Mas, ao mesmo tempo, parece haver uma genuína confiança na eficácia de um conjunto de fontes vasto que, na maioria das situações, permite cruzar perspectivas e permite chegar a um julgamento crítico que exime Estrabão de ser apenas reprodutor de palavras alheias.

Não é esta a ocasião para tratar longamente a questão da relação de Estrabão com as suas fontes. Até porque, por regra, tal análise é feita diante de casos concretos e apresenta um resultado variável, tal a diversidade de temas e de situações em que há recurso ao testemunho de outros autores. Uma breve apresentação das fontes do Livro III será feita mais adiante, nesta *Introdução*[28]. Convém, no entanto, sublinhar, por um lado, a sua variedade e, por outro, a capacidade do geógrafo de manter, em relação a elas, uma atitude de crítica e avaliação permanente, embora nem sempre de absoluta coerência. Mas, neste ponto, está-se condenado à circularidade do argumento: como não se conhecem as condições de composição da obra, não se sabe até que ponto muitas dessas incoerências não resultarão exactamente desse processo de composição.

Há, no entanto, um aspecto em que a relação com as fontes se revela de grande coerência e que adquire particular importância para se compreender o pensamento de Estrabão. O geógrafo declara que a necessidade de um conhecimento amplo do mundo e dos seus fenómenos naturais (entendidos aqui num sentido extremamente lato) é legitimada, em simultâneo, pela tra dição e pela razão (*ek te tes palaias mnemes (...) kai ek tou logou* – 1. 1. 16). Isto significa que, do ponto de vista de Estrabão, há uma linha de continuidade e de proximidade entre a tradição, que contém a sabedoria e os textos dos poetas do passado, com Homero à cabeça, e o trabalho daqueles que, no seu tempo,

---

[28] Sobre a questão das fontes estrabonianas, em termos gerais, cf. Aujac 1969: xxxiv-xlii. Para uma lista das fontes de Estrabão, distribuídas de acordo com os territórios tratados ao longo de toda a *Geografia*, cf. Clarke 1999: 374-378.

estudam a configuração do mundo de uma forma, diga-se, mais técnica. Esta linha de continuidade contribui para agregar o eixo temporal e o eixo espacial, ou seja, para tornar os elementos históricos e tradicionais parte integrante da descrição que está a ser feita, de tal modo que essa dimensão histórica fica colada à identidade dos vários lugares. A dimensão temporal dilui-se, já que os elementos do passado, guardados pela tradição, são, ao mesmo tempo, elemento fundamental da identidade da maioria dos lugares, de muitos dos povos. E esse cruzamento entre as duas dimensões constitui uma forma de integração num quadro mais amplo, já que a própria tradição é feita de ramificações que sucessivamente se interligam e que podem aproximar entre si lugares inesperadamente distantes (por exemplo, porque neles se cruzam as viagens de Ulisses ou de algum dos seus companheiros, ou a expedição de Jasão, ou as andanças de Héracles ou qualquer outra narrativa semelhante).

É também nesta linha que se deve compreender a relação de proximidade que a *Geografia* de Estrabão mantém com Homero[29]. Em primeiro lugar, é necessário ter em consideração a importância e o relevo que a obra de Homero tem em toda a cultura grega. De algum modo, nada no mundo grego é alheio a Homero e parece que todas ou quase todas as tradições, todas ou quase todas as actividades, todos ou quase todos os lugares se cruzam, em algum momento, com a obra do poeta épico. Além disso, era habitual considerar Homero o criador (*protos heuretes*) de muitas das artes e ciências, o que é compreensível, dada a dimensão da obra que nos chegou atribuída a um poeta de nome Homero. Não surpreende, por isso, que também Estrabão apresente Homero como o primeiro geógrafo, fazendo-o, de forma marcante, logo no início da sua obra (1. 1. 2):

> Em primeiro lugar, tanto nós como os nossos antecessores, entre os quais se encontra Hiparco, estamos certos ao afirmar que Homero é o fundador da ciência geográfica, ele que não só ultrapassa todos, os de antigamente e os mais recentes, na excelência da sua poesia, mas também no seu conhecimento daquilo que diz respeito à vida pública.

É relevante, no entanto, que Estrabão estabeleça uma dicotomia entre o excelente poeta e o homem que conhece os vários aspectos da vida pública, aqueles que interessam aos homens que exercem o poder. É este conhecimento que, antes de mais, interessa ao geógrafo. Se o conhecimento de Homero é verdadeiro, como Estrabão sempre defende, é possível encontrar informação importante naquilo que ele diz, mesmo quando está embelezado, eventualmente distorcido, pelo mito (cf. 1. 2. 17). Por essa razão, muitos são os passos da

---

[29] Sobre este tema, cf., entre outros, Aujac 1966: 19-36; 1969: 11-23; Schenkeveld 1978; Biraschi 2005; Kim 2007.

Geografia nos quais se recorre a Homero, como muitos são os passos em que se defende Homero ou em que se lamenta que o seu testemunho não esteja a ser correctamente aproveitado.

Um dos maiores adversários do recurso ao testemunho de Homero seria Eratóstenes, que, para lá de criticar alguns passos homéricos, por estarem incorrectos, defendia, segundo diz Estrabão, que o objectivo dos poetas é o entretenimento (*psychagogia*), não o ensino (*didascalia*)[30]. Esta é uma querela já antiga, retomada ao longo dos tempos, sobre se a poesia assenta sobretudo num efeito estético ou emocional, ou se, por outro lado, pode ser também fonte de ensinamentos. Que a discussão fazia sentido naquela época, indica-o também o famoso verso de Horácio *aut prodesse uolunt aut delectare poetae* (*Arte Poética* 333), onde se tenta de igual modo conciliar estas duas vertentes em conflito. Quanto a Estrabão, esforça-se por demonstrar que há, na épica homérica, informação verdadeira e que, portanto, a poesia, e a tradição poética na qual Homero largamente ultrapassa todos os outros, podem, sem perder o seu carácter de excelência, ser importantes fontes de ensinamentos (cf. 1. 2. 3-6).

Por outro lado, esta aproximação de Homero à ciência geográfica, esta noção de contiguidade entre a tradição poética e abordagens de natureza mais técnica, permite que possa pensar-se também no movimento contrário. Se Homero é uma fonte segura de conhecimentos geográficos, como Estrabão aguerridamente defende, então também o texto do geógrafo, tanto mais não seja por via dessa proximidade tão arduamente reivindicada, pode afastar-se da sua utilidade estritamente técnica e dar-se a ver como literatura – não é um passo que Estrabão dê propriamente, embora se possa entrever essa possibilidade – quanto mais não seja quando é visto a ligar umbilicalmente, embora faça uma distinção clara em termos de qualidade, a poesia da tradição antiga e a prosa que se pratica no seu tempo (cf. 1. 2. 6). No fundo, que maior coroa de glória pode haver do que caminhar na esteira de Homero?

2. O TOMO III – FONTES E ESTRUTURA

A descrição da Ibéria, motivo do tomo terceiro da *Geografia* estraboniana, é concebida a partir da perspectiva de um Grego que esteve em Roma entre os reinados de Augusto e de Tibério[31]. A pretensão de um *relato sistemático acerca das características de cada território* (3. 1. 1), após o esboço geral do universo

---

[30] Cf. 1. 1. 10 e 1. 2. 3.
[31] Lasserre 1966: 3 propõe a data de 17-18 d. C. para a conclusão do tomo III, com base na menção que é feita no capítulo 3. 3. 8 à determinação de Tibério de estabelecer três legiões na Hispânia.

então conhecido[32], delineado nos dois primeiros livros, instiga o geógrafo de Amásia a dedicar-se em primeiro lugar à Península Ibérica, porquanto região limítrofe do ocidente europeu, adequada para principiar uma descrição que, na senda da tradição expositiva de Hecateu (séculos VI-V a. C.), inicia a sua rota no ocaso e se dirige para levante, i. e., parte do menos familiar e mais distante, tendo em conta a situação geográfica de Roma, para o mais próximo. Desse confim longínquo da terra habitada, e por isso mesmo outrora inspirador de diversas lendas (cf. e. g. o mito das Hespérides), Estrabão vai tomando um conhecimento mais informado e preciso, que não resulta da observação directa, uma vez que o autor não chegou a visitar essas paragens, mas de testemunhos orais, nem sempre fiáveis e coerentes, e, sobretudo, da leitura de diversas fontes escritas, referidas e citadas de modo reiterado ao longo do tomo III. O geógrafo reúne esses testemunhos, confronta-os e apresenta-os criticamente, discutindo-os e evidenciando a sua opinião pessoal, para a qual não deixa de ter em consideração elementos de uma época que ele próprio vivenciou e que marcou a sua *Geografia* – a da expansão do império romano, com particular destaque, neste volume III, para a romanização de toda a Península Ibérica, favorecedora da desejável *pax augusta* (cf. nomeadamente 3. 3. 8, momento em que Estrabão se refere às campanhas romanas nas Astúrias e na Cantábria, acontecimentos da história do seu tempo dos quais era imprescindível dar notícia, sublinhado uma relação estreita entre a sua geografia e as transformações históricas contemporâneas). Entre as suas fontes para o tomo III, cujo conhecimento de alguns fragmentos textuais devemos precisamente à obra estraboniana, conta-se, pois, a épica homérica, que decerto teve um papel de relevo na educação do geógrafo de Amásia, porquanto lhe reconhece autoridade manifesta na sua obra, como se viu. Nesse sentido, legitima muitas das informações transmitidas, reinterpretando historicamente a tradição geográfica e concedendo a uma fonte literária tanta credibilidade como a que atribui a fontes históricas[33] - é que, como sublinha Aujac, "Homère, le poète par excellence, représente-t-il aux yeux de Strabon le savant par excellence, le sage par excellence[34]". Assim, *o Poeta*, como Estrabão chama a Homero, conhecedor, por exemplo, da prosperidade dos confins da Ibéria e de diversas expedições a esses lugares (e.g. de Ulisses, Diomedes,

---

[32] Aujac 1966: 85 faz uma distinção entre geografia geral, "qui traite de la terre dans son ensemble, de sa position par rapport aux astres, de son climat, de ses divisions les plus notoires, de la transformation des sols, des variations du relief, de l'action des eaux" e, por outro lado, geografia regional, "qui décrit un à un les pays considérés désormais dans leur individualité propre, qui insiste sur l'originalité de chaque province...".

[33] Como se disse anteriormente, o próprio Estrabão apresenta Homero como o fundador da Geografia (cf. 1.1.2). Dueck in Dueck et al. 2005: 94 sublinha que "this method of using poetry for scientific purposes had originated in Homeric education...".

[34] 1966: 34.

Eneias), imaginou que os Campos Elísios se situavam nessas paragens (cf. 3. 2. 13), elementos que o geógrafo considera fidedignos.

Entre as fontes estrabonianas, inclui-se de igual modo a poesia de autores como Estesícoro, Anacreonte e Píndaro, porquanto escreveram, por exemplo, sobre mitos e/ou heróis relacionados com locais que Estrabão descreve no tomo III (cf. e. g. os passos de Estesícoro em 3. 2. 11 ou de Anacreonte em 3. 2. 14) ou, simplesmente, porque citá-los permite embelezar o texto (cf. e.g. a citação de Píndaro em 3. 3. 7)[35].

Integram também este volume outros testemunhos, como os de Ferécides, Heródoto, Éforo, Píteas de Marselha, Eratóstenes, Timóstenes, Asclepíades de Mirleia e, em particular, de Políbio, Artemidoro de Éfeso e Posidónio de Apameia, e ainda informações de Aristóteles[36]. Esta enumeração, não exaustiva, ilustra o grande número e a variedade de fontes de épocas diferentes a que o autor recorreu para descrever a Ibéria. Estrabão não deixa contudo de julgar, de corrigir, de acrescentar esclarecimentos ou de censurar as suas fontes, como se disse antes, ora pelo conteúdo das afirmações que fazem, ora pelo estilo como as apresentam. Na verdade, por exemplo, não dá crédito a informações decorrentes da famosa viagem de Píteas para lá das Colunas de Hércules, rumo a norte, no século IV a. C., uma vez que questionavam dados da geografia tradicional (cf. 3. 2. 11, 3. 4. 4). Além disso, a obra de Píteas sobre o Oceano, que não se conservou, colocar-lhe-ia eventuais dificuldades de compreensão de "una literatura de carácter técnico como era la obra[37]". A propósito da posição estraboniana face a Píteas, Aujac[38] salienta que "avec Ératosthène, Hipparque et Poseidonios (...), l'on acorde à Pythéas l'autorité en matière scientifique que lui conteste Strabon plus par principe que par conviction profonde...". O geógrafo de Amásia critica também Eratóstenes, como se percebeu, autor que teria sintetizado as descobertas geográficas dos seus predecessores e concedido especial importância à precisão das ciências exactas na geografia, pondo em causa dados homéricos que Estrabão considerava inquestionáveis[39] - e censura-o sobremodo por "avoir traité la géographie de manière trop mathématique[40]", facto que o mostrava mais interessado numa geografia geral do que regional e humana.

---

[35] Dueck in Dueck et al. 2005: 86-107 identifica e procura justificar múltiplos usos da poesia perceptíveis na *Geografia* estraboniana.
[36] Meana y Piñero 1992: 11 enumeram os autores expressamente nomeados por Estrabão no tomo terceiro da *Geografia*. O próprio Estrabão, em 1. 1. 1, refere-se aos seus predecessores na ciência geográfica e amplia, naturalmente, a lista dos nomes que teve em consideração para o tomo III (cf. e. g. Anaximandro, Hecateu, Demócrito, Dicearco).
[37] Gómez Espelosín et al. 2012: 449.
[38] 1966: 47.
[39] Cf. Aujac 1966: 61 sqq.
[40] Aujac 1966: 59.

Posidónio, o mais próximo da época de Estrabão, terá sido a sua fonte principal, e é citado repetidamente de forma explícita; a par de Políbio e de Artemidoro, autores que também estiveram de facto na Península Ibérica, como Posidónio, pelo que constituíam fontes de primeira mão, é um dos nomes mais referidos ao longo do tomo III e parece ser a voz mais autorizada entre as fontes mencionadas. Como observa Lasserre[41], Posidónio terá passado cerca de um mês em Gades[42], onde pôde observar as marés, um dos motivos da geografia física desenvolvido com amplitude por Estrabão (cf. e.g. 3. 5. 8-9). Artemidoro, por seu turno, na obra sobre geografia que escreveu, mas que não se conservou, pôde indicar as distâncias entre diversos lugares que visitou; na sua passagem pela Península, terá determinado a extensão costeira da Ibéria, desde os Pirenéus até ao Promontório Sagrado[43]. Políbio, por sua vez, acompanhou Cipião Emiliano à Ibéria; à semelhança do que acontece com Estrabão em relação à geografia, evidencia um entendimento pragmático da obra histórica que compôs, importante para compreender o domínio de Roma. Note-se ainda que também Asclepíades se constituiu como testemunho ocular do extremo ocidente europeu, uma vez que terá estado algum tempo na Turdetânia, sendo indicado algumas vezes no volume III.

Para além de testemunhos helénicos, o geógrafo terá recorrido a autores romanos, nomeadamente aos que estariam mais próximos da época de expansão do império romano para regiões ocidentais limítrofes (e.g. Asínio Polião), ainda que considere os Gregos mais credíveis, como afirma em 3. 4. 19: *os historiadores romanos imitam os gregos, mas não vão muito mais longe. De facto, aquilo que dizem, traduzem-no dos Gregos e não mostram muita vontade de produzir conhecimento por si mesmos. Assim, sempre que no trabalho daqueles há um vazio de informação, não é muito o que é completado por estes.* Com frequência, as fontes não são explicitamente identificadas por Estrabão, que se serve de expressões do género *segundo se diz, dizem, contam/ conta-se*, não por ignorância manifesta da origem da informação, mas porque outrora, como se sabe, não havia obrigação de se citarem as fontes, por um lado, e, por outro, porque alguns dados poderiam ser resultado de testemunhos orais que lhe chegariam sobre a Ibéria. Como observa com oportunidade Gómez Espelosín,

> ...la impresión general (...) es una imagen (...) de una obra colosal largamente elaborada en la que el esfuerzo de síntesis y actualización que se derivaba de sus objetivos ideológicos ha primado en muchas ocasiones sobre los débitos

---

[41] 1966: 13-14.
[42] Cádiz, actualmente.
[43] Corresponderá provavelmente ao Cabo de S. Vicente, na actualidade.

incuestionables pero difíciles de deslindar com precisión de toda la larga tradición geográfica previa..."[44].

Testemunho de uma época de hegemonia romana que abria ao mundo novos territórios, novos povos, diferentes modos de vida, Estrabão amplia os limites do horizonte geográfico, revendo e alterando fronteiras de outrora, de acordo com novas realidades experimentadas, e dando informação diversificada a propósito de regiões mencionadas. Deste modo, geografia, etnografia e história são domínios que se entrecruzam desde logo, evidenciando como a descrição geográfica estraboniana vai para além do domínio da cartografia ou da astronomia e permite, por exemplo, encontrar afinidades com a historiografia herodotiana[45]. Na verdade, uma abordagem do volume III (e da *Geografia* em geral) pode ser feita sob diversos ângulos, porquanto aquele pressupõe um conhecimento enciclopédico, que articula ainda, para além das áreas mencionadas, outras, como a arqueologia, a botânica, a zoologia, a política, a economia ou a literatura, embora os dados registados sejam filtrados pelo olhar de um autor grego com uma adesão evidente à causa romana.

À localização geográfica de uma região, definida por limites naturais – a costa, rios, cadeias montanhosas, cabos -, associam-se com frequência digressões ao jeito herodotiano, no itinerário desenhado por Estrabão, relacionadas nomeadamente com o clima, com seus os recursos naturais e facilidades de comunicação, com o modo de vida dos seus habitantes, com a sua história de outrora, que contempla também contactos com diversos povos que marcaram presença na Península (cf. e. g. os Fenícios, os Cartagineses), e com a relação estabelecida com os conquistadores romanos. Este entendimento da geografia corrobora a convicção de Cruz Andreotti[46], segundo a qual o geógrafo antigo,

> ...lejos de ser un científico a la manera contemporânea (...), es ante todo un historiador del espacio, es decir, el que explica espacialmente la evolución histórica – y que, por consiguiente, produce una concepción del espacio adaptada a su percepción histórica, a su público, y a sus necesidades ideológicas.

A geografia estraboniana não se revela portanto como uma mera compilação de informações da tradição sobre a Península, mas inclui uma realidade histórica que sublinha aspectos relacionados com a administração e com a romanização

---

[44] Gómez Espelosín et al. 2012: 40.
[45] A propósito de Heródoto, cf. e.g. Dewald and Marincola 2007, nomeadamente pp. 29-45, 60-75, 178-191, 290-305; sobre a proximidade entre "la descripción geográfico-etnográfica" herodotiana e o tomo III da *Geografia*, cf. Gómez Espelosín et al. 2012: 91.
[46] 1994: 59.

das paragens longínquas da Ibéria, demonstrando a utilidade de que este volume em particular se reveste, ao "ofrecer una comprensión global al gobernante y al hombre culto del conjunto de valores y principios, de la realidad y de las posibilidades de la dominación romana"[47]. Significativamente, aliás, o próprio Estrabão destaca o valor pragmático da sua obra, como se disse (cf. 1. 1. 16).

Com o tomo III da *Geografia*, uma das fontes mais completas que nos chegaram sobre o território peninsular na Antiguidade, mitos transmitidos por obras como os Poemas Homéricos vão sendo desmistificados, ao enquadrarem-se em espaços geográficos concretos, com realidades étnicas e culturais diversas, sobremodo desvendados graças à intervenção romana que o autor louva com insistência, fazendo sobressair o importante papel pacificador e civilizador do império[48]. Uma questão de natureza ideológica subjaz assim à informação estraboniana sobre a Península, visível na apreciação parcial que faz dos povos submetidos, considerados mais ou menos bárbaros consoante a sua maior ou menor resistência à cultura e à política romanas. De facto, com base num juízo de valor pessoal, Estrabão escalona em diferentes níveis os povos da Ibéria, realçando a sua heterogeneidade: considera que os Turdetanos, por exemplo, habitantes de uma região peninsular próspera (cf. 3. 2. 4, 3. 2. 6 sqq.), que estabeleceram alianças com os Romanos, progrediram (cf. 3. 2. 15)[49]: *a prosperidade da região veio acompanhada para os Turdetanos do progresso civilizacional e político*. Os designados 'montanheses', por seu turno, habitantes do norte peninsular, são apresentados como bárbaros[50], incivilizados e selvagens (cf. 3. 3. 8), porquanto se distribuíam por espaços de acesso mais difícil e viviam em guerras continuadas, tendo-se mostrado mais resistentes à intervenção romana: a persistência de Roma, contudo, torná-los-ia mais civilizados, ainda que *os que menos beneficiaram da paz e da permanência dos Romanos fossem mais intratáveis e selvagens* (cf. 3. 3. 8). A presença romana marca assim, em qualquer caso, um antes e um depois, constituindo-se, segundo Estrabão, como móbil de uma transformação e de um enquadramento progressivo das distantes gentes bárbaras do extremo setentrional do Ocidente europeu num mundo civilizado. Grego/ Romano-bárbaro; civilizado-incivilizado são portanto dicotomias que se evidenciam no registo do autor de Amásia, mostrando como, nas palavras de Vliet, "a geography implies a representation of the world and expresses a certain world

---

[47] Cruz Andreotti 1994: 63. González Ponce 1990: 83, n. 6 enumera passos estrabonianos ilustrativos da finalidade utilitária de que se reveste a obra do geógrafo de Amásia – 1. 1.16, 1.1.18, 1.1.21-23.

[48] A propósito da perspectiva estraboniana face ao império romano, cf. e.g. Vliet 2003: 268 sqq.

[49] Sobre esta questão, cf. Álvarez Martí-Aguilar 1999: 31-61.

[50] A propósito do conceito de *barbaros* na obra de Estrabão, cf. Almagor in Dueck et al. 2005: 42-55.

view. Geography and geographical representations create an order. This is based on selections and distinguishing criteria[51]". Apesar da diversidade que o império congregava, Estrabão acreditava que Augusto era garante de estabilidade e harmonia favoráveis a todos, ideia cara à ideologia estóica com que o autor revela proximidade[52].

Os limites da Ibéria distante são genericamente definidos pelo geógrafo em 3. 1. 3[53]:

> Os Pirenéus delimitam o lado este da Ibéria e, por outra parte, o Nosso Mar[54], o sul, desde os Pirenéus até às Colunas[55], e daí em diante, o Mar Exterior[56], até ao Promontório chamado Sagrado. O terceiro é o lado oeste, mais ou menos paralelo aos Pirenéus, desde o Promontório Sagrado até ao Cabo dos Ártabros, ao qual chamam Nério[57]; o quarto vai daqui até à extremidade norte dos Pirenéus.

A Ibérica encontrava-se assim cercada pelo mar em três dos seus lados e, no quarto, i. e., a este, era delimitada pelos Pirenéus, que exibem, também em Estrabão, uma orientação tradicional incorrecta, sul-norte. O Promontório Sagrado ocupa lugar de destaque no desenho da Ibéria, porquanto era *o ponto mais ocidental de toda a terra habitada* (3. 1. 4), o *Finisterrae* da época, a partir do qual se delineavam distintas orientações da costa, ora a meridional, em direcção às Colunas, ora a ocidental, rumo ao Cabo Nério, no noroeste peninsular (cf. 3. 1. 6).

Partindo do litoral, Estrabão concentra-se em seguida no interior e divide a sua descrição da Ibéria em cinco capítulos, sobremodo estruturados de acordo com três linhas costeiras principais. Na verdade, depois de uma panorâmica geral da Península (cf. 3. 1. 1-3) e da descrição da costa atlântica meridional, entre o Promontório Sagrado e as Colunas (cf. 3. 1. 4-9), no capítulo 1, detém-se, no capítulo 2, no litoral e no interior da Turdetânia, e passa, no capítulo 3, para a costa ocidental e setentrional, incluindo o interior da Lusitânia, assim como os povos do noroeste peninsular; no capítulo 4, ocupa-se da costa mediterrânica, das Colunas até aos Pirenéus, e de povos do interior dessa área; aborda as ilhas no último capítulo do volume. Cada uma das regiões consideradas

---

[51] 2003: 257.
[52] A este propósito, cf. Gómez Espelosín et al. 2012: 28-29. Roseman in Dueck et al. 2005: 27-41 destaca outros aspectos em que o estoicismo parece ter influenciado a geografia estraboniana.
[53] Cf. ainda a imagem que o autor esboça da Península na síntese da *oikoumene* que apresenta em 2. 5. 26-33.
[54] Mar Mediterrâneo.
[55] Colunas de Hércules = Estreito de Gibraltar, na actualidade.
[56] Oceano Atlântico.
[57] Provavelmente, o Cabo Touriñán, na Corunha.

começa por ser delimitada no espaço, por norma através da referência a rios, cabos, cadeias montanhosas que lhe definem os contornos, ao que se segue informação de índole diversa, relacionada com vários domínios da vida dos Iberos, como anteriormente se afirmou. Assim, após a menção, no capítulo 1 (1-3), às condições de habitabilidade da Ibéria em geral, bem como à sua configuração e dimensões, e ainda aos limites naturais que a demarcam (cf. os Pirenéus, o Mar Mediterrâneo, o Mar Atlântico, o Promontório Sagrado), localiza o Promontório Sagrado, ponto de partida para o traçado da costa meridional até às Colunas, e apresenta, de passagem, a Turdetânia e os seus habitantes, referindo-se ainda ao estreito das Colunas e às cidades situadas entre este e o Promontório Sagrado (3. 1. 4-9). No capítulo 2, que dedica à Turdetânia, indica os seus limites, enumera cidades que a integram, destaca as boas condições de comunicação do território, com rios e estuários navegáveis e com cidades férteis nas suas margens. Sublinha também a prosperidade da região em produtos agrícolas, em gado e em metais, assim como a riqueza da costa, em particular, no que diz respeito à pesca e à salga de peixe. Realça as informações homéricas sobre esta região e refere-se ainda ao estado cultural dos Turdetanos, cujas condições naturais e históricas, associadas a alianças com os Romanos, favoreceram o progresso civilizacional e político. O capítulo 3, dedicado à costa atlântica ocidental, desde o Promontório Sagrado, concede particular relevo à Lusitânia, delimitando este território, indicando as suas dimensões (cf. 3. 3. 3) e rios que o atravessam. Faz de igual modo alusão aos Ártabros, que ocupavam o noroeste extremo da Península, e ao modo de vida selvagem e incivilizado dos habitantes das montanhas do norte da Ibéria em geral, situação que Roma procurou alterar (cf. 3. 3. 8). O capítulo 4, por seu turno, indica a extensão do litoral entre as Colunas e os Pirenéus, refere-se a diversas cidades na costa e no interior da região, destaca a questão da ocupação romana e da forma como é feita, aborda assuntos relacionados com a etnografia, costumes, fauna e produções desses lugares. O capítulo 5, consagrado às ilhas, começa por aludir às Baleares, localizando-as no espaço, e faz menção às suas dimensões, cidades, fertilidade do solo e habitantes. A atenção de Estrabão neste capítulo centra-se porém em Gades, que situa geograficamente, para falar em seguida da sua actividade comercial, dos seus santuários, de mitos tradicionais que lhe estão associados e lhe sublinham a excepcionalidade e, principalmente, das marés. Alude ainda, de modo breve, às Ilhas Cassitérides e às suas minas de estanho.

A forma como o volume III está estruturado é ilustrativa de que a geografia estraboniana entrelaça questões físicas com a história e com o modo de vida das sociedades peninsulares, salientando a perspectiva humana[58]. A informação

---

[58] Sobre este assunto, cf. Vliet 2003: 257-258.

que as suas fontes continham – ou não – sobre determinada região, como a questão das marés, por exemplo, instigava o geógrafo de Amásia a deter-se em alguns pontos particulares, aludindo com mais brevidade àqueles sobre os quais possuía menos elementos. Acresce naturalmente a esta circunstância o facto de o próprio Estrabão fazer uma leitura selectiva das fontes que tinha à disposição, elegendo os dados que considerava mais relevantes.

A subjectividade ditada por uma educação e por uma cultura helénicas determinantes, assim como por interesses específicos de um Grego que viveu num mundo dominado por Roma a nível geográfico e político[59], é orientadora da escrita de Estrabão. No entanto, e apesar de incorreções perceptíveis neste tomo III (e.g. a orientação atribuída aos Pirenéus), a pertinência do mesmo para o conhecimento da história antiga peninsular na actualidade é sobremodo evidenciada pelas menções constantes que lhe são feitas por estudos de história, de geografia, de arqueologia e de epigrafia, em particular, com especial ênfase em Portugal e em Espanha, como documentam diversas notas à tradução do presente volume, tal como a sua bibliografia final.

---

[59] Cf. Biraschi in Dueck et al. 2005: 84.

Estrabão

Geografia – livro III

Tradução

Capítulo I
Perspectiva geral da Península. Costa meridional da Ibéria, do Promontório Sagrado às Colunas de Hércules

1.

Ora para nós que acabámos de traçar o primeiro esboço da geografia, é oportuno o relato sistemático acerca das características de cada território: na verdade, assim o apresentámos[60] e parece que, até agora, o nosso plano de trabalho está correctamente esquematizado[61]. Há portanto que começar de novo pela Europa* e por aquelas suas regiões de onde antes também partimos, pelas mesmas razões[62].

2.

A primeira região a considerar é a ocidental, como dissemos[63], ou seja, a Ibéria*. A maior parte dela é escassamente habitada, pois numa grande extensão habita-se sobretudo montanhas, florestas e planícies de solo pobre e nem sequer irrigado de modo uniforme. E a região a norte, além da sua aspereza, é extremamente fria e vizinha do Oceano*, tendo atraído a si o isolamento e a falta de relação com as demais, de forma que se distingue pelas más condições de habitabilidade. Estas partes, portanto, são assim; o sul, porém, é quase todo fértil, particularmente a região para lá das Colunas*[64]: mas isso ficará claro na abordagem de cada território; esboçaremos primeiro a configuração e as dimensões da Ibéria*.

3.

A Ibéria* parece uma pele estendida, em comprimento, de oeste a este (com os seus membros dianteiros voltados para este), em largura, de norte

---

* Os subtítulos usados são da responsabilidade dos autores da presente edição.

[60] Cf. 2. 5. 4.

[61] Cf. 1. 1. 23, 2. 5. 18 – a descrição das diferentes regiões surge para Estrabão naturalmente integrada e relacionada com o mapa do universo da sua época, delineado nos dois primeiros livros.

[62] Cf. 2. 5. 26-27. Como notam Gómez Espelosín et al. 2012: 143, n. 2, o geógrafo de Amásia refere ora as condições climáticas e naturais, ora as político-culturais como causas justificativas de uma superioridade que reconhece à Europa face aos demais continentes então conhecidos, a Ásia e a Líbia (=África).

[63] Cf. 2. 5. 26-27.

[64] = Colunas de Héracles/Hércules.

para sul[65]. Tem cerca de seis mil estádios de comprimento[66] e de cinco mil na parte de maior largura[67], embora em alguns locais tenha muito menos de três mil estádios[68], particularmente junto aos Pirenéus*, que delimitam o seu flanco oriental. De facto, uma cadeia montanhosa, que se estende de sul para norte[69], separa a Céltica* da Ibéria*; e sendo a Céltica* e a Ibéria* desiguais em largura, a parte mais estreita da largura de cada uma, do Nosso Mar* ao Oceano*, é a que está mais próxima dos Pirenéus*, de cada um dos seus lados, e que forma golfos, quer na margem do Oceano*, quer na do Nosso Mar*. Os Golfos Célticos* - que também se designam Galácticos* - são maiores, formando o istmo mais estreito do lado ibérico[70]. Os Pirenéus* delimitam pois o lado este da Ibéria* e, por outra parte, o Nosso Mar*, o sul, desde os Pirenéus* até às Colunas*, e daí em diante, o Mar Exterior*, até ao Promontório chamado Sagrado*[71]. O terceiro é o lado oeste, mais ou menos paralelo aos Pirenéus*, desde o Promontório Sagrado* até ao Cabo dos Ártabros*, ao qual chamam Nério*; o quarto vai daqui até à extremidade norte dos Pirenéus*[72].

---

[65] Str. 2. 1. 30. Estrabão recorre a uma comparação ilustrativa de um procedimento usual na Antiguidade para definir a forma de um território (cf. e. g. A. *Pr.* 813, Plb. 2. 14) e facilitar o entendimento da sua configuração a leitores por norma não familiarizados com o manuseio de mapas: o recurso a imagens concretas do quotidiano ou também a figuras geométricas (sobre este assunto, cf. Bertrand 1989: 63-73).

[66] 1110 km (embora a equivalência entre estádio e metro esteja sujeita a alguma controvérsia, optou-se pela hipótese mais comum, que faz corresponder um estádio a 185 metros – sobre este assunto, cf. Pothecary 1995: 49-67; na p. 54, a autora observa que "most stades distances used by Greek geographers were estimates. The margin of error – frequently as much as 25% and sometimes as high as 50% - involved in such estimates far outweighs the effect of slightly different stades", e poderá justificar o facto de as distâncias apresentadas muitas vezes não corresponderem à realidade).

[67] 925 km.

[68] 555 km.

[69] Estrabão, na senda da tradição geográfica antiga, atribui uma orientação incorrecta (=sul--norte) à cadeia montanhosa que separa a Gália da Hispânia, os Pirenéus. O erro decorre, por certo, do conhecimento insuficiente dessas paragens, na época.

[70] Os Golfos Célticos ou Galácticos são o Golfo de Biscaia e o de Leão. O texto gera alguma ambiguidade neste passo, podendo interpretar-se de formas distintas: Estrabão estará a comparar a dimensão do istmo de um e de outro lado dos Pirenéus, concluindo que o do flanco francês é mais estreito, ou, em vez disso, a assegurar que o mais estreito é o do lado espanhol. A realidade mostra que o istmo é efectivamente mais estreito do lado espanhol, pelo que se optou pela tradução 'do lado ibérico' em vez de 'em comparação com o ibérico', como registam outras propostas.

[71] Cabo de S. Vicente, de acordo com a identificação tradicional deste Promontório.

[72] A propósito de divergências na elaboração do mapa da Península Ibérica entre Píteas/Eratóstenes, Políbio e Estrabão, cf. Prontera 1990: 55 sqq., 1996: 335-341; 2003: 27-45, 139-149.

4.

Mas, voltando ao assunto, passemos a descrever cada território, começando a partir do Promontório Sagrado[73]*. Este é o ponto mais ocidental
não apenas da Europa*, como também de toda a terra habitada. Na verdade,
a terra habitada é delimitada a ocidente por dois continentes, ora pelos
confins da Europa*, ora pelas primeiras terras da Líbia*, aqueles, ocupados
pelos Iberos*, estas, pelos Maurúsios*; os cabos ibéricos avançam uns mil e
quinhentos estádios[74] para lá do mencionado Promontório (à terra contígua a
este, designam-na inclusivamente em língua latina como '*Cuneus*'*', querendo
com isso assinalar o formato de uma cunha[75]). Este Cabo, que se precipita para
o mar, Artemidoro, que esteve no lugar, como afirma, compara-o a um navio[76];
três ilhéus favorecem a figura, um com a posição de esporão e os outros dois,
com ancoradouros à medida, a de laterais de proa[77]. Todavia, nesse local, não
está à vista um templo nem um altar de Héracles - nisso, Éforo enganou-se[78]
-, nem de qualquer outro dos deuses, mas antes pedras colocadas em grupos
de três ou quatro por toda a parte, que são rodadas pelos que chegam, segundo
um costume antigo, e repostas depois de se terem realizado libações[79]. E
não é lícito fazer sacrifícios nem penetrar de noite no lugar - já que se diz
que os deuses o ocupam durante esse tempo -, mas aqueles que vêm para o

---

[73] A descrição parte da costa para o interior; aqui, "será el sistema oro-hidrográfico el com-
ponente que articula y vertebra los espacios – cf. 2. 5. 17 -, alrededor de los que se agrupan los
pueblos y ciudades" (Gómez Espelosín et al. 2012: 148, n. 10).

[74] 277,5 km.

[75] Recurso a uma metáfora para designar um espaço com o formato de uma cunha, per-
ceptível no mapa de Ptolomeu, que representa um território triangular com base no Guadiana
e vértice no Cabo de S. Vicente – o nome da região proviria assim da sua forma de 'cunha' (cf.
Alarcão 2001: 336 e 2010: 112-114).

[76] Artemidoro de Éfeso (sécs. II-I a. C), autor de uma *Geografia* que não chegou até nós,
mas da qual se foi tomando conhecimento através de referências de outros autores antigos,
como Estrabão – redigida em forma de périplo, tinha início na Península Ibérica e indicava as
distâncias entre diferentes lugares do mundo habitado. Artemidoro terá visitado a Ibéria e é
uma das fontes de informação citadas de forma recorrente pelo geógrafo de Amásia no tomo III
(sobre o papiro de Artemidoro encontrado há alguns anos no Egipto, com uma parte do texto
perdido, que inclui um fragmento com o princípio da descrição da Península Ibérica, cf. Alarcão
2010: 107 sqq.).

[77] Corresponderiam às ilhotas de Armação, Leixão e Caxão/Caixado, de acordo com Lasserre 1996: 185-186, n. 4 e com Meana y Piñero 1992: 37, n. 17.

[78] Éforo (Ásia Menor, séc. IV a. C.) foi um historiador que terá redigido a primeira história
universal conhecida, obra porém que não nos chegou. Ter-se-á baseado sobretudo em fontes
escritas de autores anteriores ou contemporâneos –"sus informaciones resultan escasamente
fiables, si nos atenemos a las críticas en este sentido de que fue objeto durante la propia
Antigüedad, tales como las del historiador judío Flavio Josefo, que le reprochaba haber escrito
sobre los íberos sin saber en realidad nada acerca de ellos y haberles atribuido costumbres que
non tenían (*Contra Ápio* 1. 12)" – in Gómez Espelosín et al. 2012: 379.

[79] Gómez Espelosín et al. 2012: 457 colocam a hipótese de as pedras referidas por Estrabão
poderem ser âncoras votivas.

contemplar, passam a noite numa povoação vizinha; depois, entram durante o dia, levando água consigo, uma vez que ela ali escasseia.

5.

É possível, de facto, que a situação seja essa, e deve-se acreditar; todavia, aquilo que Artemidoro referiu de acordo com a opinião geral e com o senso comum, certamente não é credível, pois muitos, afirma Posidónio[80], dizem que o sol é maior quando se põe, nas regiões vizinhas do Oceano*, e que, ao extinguir-se, tem um som semelhante ao do mar a sibilar, pelo facto de cair nas suas profundezas. No entanto, isto é falso, bem como que a noite sobrevenha imediatamente após o pôr-do-sol: na realidade, não é imediatamente, mas um pouco depois, como também nos outros grandes mares. Nas regiões onde se põe atrás de montanhas, ocorre mais tempo de claridade depois do ocaso, devido à reflexão da luz; mas ali não se prolonga mais, ainda que a obscuridade não surja imediatamente, como <sucede também> nas grandes planícies. A impressão porém de que nos mares o tamanho do sol aumenta tanto ao pôr-se como ao nascer deve-se à grande quantidade de vapores que se elevam do elemento líquido, pois através destes, como através de lentes, a visão, distorcendo-se, recebe as imagens ampliadas, como quando se observa, através de uma nuvem seca e fina, o pôr ou o nascer do sol ou da lua (momento em que o astro aparece também avermelhado). Posidónio afirma que se convenceu do erro depois de ter passado trinta dias em Gades* e observado os ocasos. Artemidoro, por seu turno, diz que o sol se põe cem vezes maior, e que a noite chega imediatamente. Na verdade, porém, não é concebível que ele tenha visto tal coisa no Promontório Sagrado*, se atendermos às suas próprias palavras (pois declara que durante a noite ninguém lá subia, de modo que tão pouco alguém subiria ao pôr-do-sol, se é verdade que a noite chega de imediato). Mas em nenhum outro lugar da costa oceânica <é assim>: pois também Gades* fica junto do Oceano* e Posidónio testemunha em contrário, bem como outros mais.

6.

A partir do litoral contíguo ao Promontório Sagrado*, por um lado é o começo do flanco ocidental da Ibéria*, até à embocadura do rio Tejo*, por outro, o do flanco meridional, até outro rio, o Anas*, e à sua embocadura. Cada um deles flui desde as regiões orientais, mas o Tejo*, que é muito maior que o outro,

---

[80] Posidónio de Apameia (sécs. II-I a. C.) terá escrito uma obra historiográfica, assim como uma outra sobre o Oceano, para as quais decerto se terá valido de testemunhos de autores seus predecessores, mas também da sua experiência pessoal, nomeadamente da visita à Ibéria e, em particular, a Gades, que lhe terá fornecido informação sobre questões como o fenómeno das marés, por exemplo.

lança-se directamente para o ocidente; o Anas*, por seu turno, dirige-se para
sul, delimitando a terra entre rios que habitam, na sua maior parte, Célticos*
e alguns dos Lusitanos* banidos do outro lado do Tejo* pelos Romanos*[81]. Nas
regiões <mais> do interior vivem Carpetanos*, Oretanos* e um grande número
de Vetónios*. Esse território é moderadamente privilegiado, mas o contíguo,
a nascente e a sul, não deixa por certo de estar em vantagem, distinguindo-se
de todo o mundo habitado graças à sua fertilidade e aos bens da terra e do
mar. Esta é a região que o rio Bétis* atravessa, o qual tem origem nos mesmos
locais donde provêm o Anas* e o Tejo*, e se encontra a meio dos outros dois
quanto ao tamanho. De modo semelhante ao Anas*, corre a princípio para
oeste; depois volta-se para sul e desagua na mesma costa que aquele. A partir do
nome do rio, chamam Bética* à região; a partir dos seus habitantes, Turdetânia*.
Designam os habitantes como Turdetanos* e também como Túrdulos*, pensando
uns que são os mesmos e outros que são distintos (entre estes está Políbio, ao
afirmar que os Túrdulos* são vizinhos dos Turdetanos*, a norte[82]); mas neste
momento, nenhuma distinção se revela entre eles. Estes são classificados como
os mais cultos entre os Iberos*: de facto, não só utilizam escrita, como têm
registos da história antiga, poemas e leis em verso com seis mil anos, como
afirmam (também os outros Iberos* utilizam a escrita, mas não de um único
tipo, nem, de facto, de uma única língua[83]). Esta região deste lado do Anas*
estende-se para este até à Oretânia* e para sul até à costa entre a embocadura
do Anas* e as Colunas*. Sobre ela e sobre as que lhe são próximas, no entanto,
é preciso expor com mais delonga aquilo que contribui para o conhecimento
das vantagens naturais e da prosperidade desses territórios.

7.

Entre esta costa na qual o Bétis* e o Anas* desaguam e os confins da
Maurúsia*, o Mar Atlântico*, irrompendo, forma o estreito das Colunas*,
através do qual o Mar Interior* se liga ao Exterior*. Há aí um monte que
pertence aos Iberos*, chamados Bastetanos* - a quem também chamam
Bastulos*-, o Calpe*, que em perímetro não é grande, mas é grande em altura

---

[81] A propósito da fixação dos *Lusitani* nesta área do Tejo, cf. Alarcão 2001: 293-349, em
particular a p. 311, alusiva ao texto estraboniano.

[82] Políbio (sécs. II-I a. C.), historiador grego que acompanhou pessoalmente o exército
romano à Ibéria durante algum tempo, reflecte nas suas *Histórias* a experiência de observador
directo da Península, da qual nos dá uma visão influenciada pela sua adesão à conquista romana
do extremo Ocidente, perspectivada como uma inclusão na civilização de um mundo considerado bárbaro. Teria sido o primeiro a apresentar uma etnografia da Ibéria, embora o volume 34 das
suas *Histórias*, aquele que continha mais informações sobre a Península, não tenha chegado até
nós – conhecem-se todavia alguns fragmentos através de menções feitas por autores posteriores.
Em 34. 9., situaria os Túrdulos e os Turdetanos em zonas diferentes.

[83] A propósito da diversidade linguística na Ibéria, cf. *Acta Palaeohispanica IX* 2005: *passim*.

e escarpado, de tal modo que ao longe parece uma ilha. Assim, para os que navegam do Nosso Mar* para o Exterior*, esta elevação encontra-se à direita, e perto dela, a quarenta estádios[84], a cidade de Calpe*, digna de menção e antiga, que foi outrora porto dos Iberos*. Há inclusivamente quem diga que ela é uma fundação de Héracles, entre os quais está Timóstenes[85], que afirma que outrora se lhe chamava também Heracleia, e ainda que ali podiam ver-se uma grande muralha e docas.

8.

Depois vem Menlária*, que tem salgas de peixe, e a seguir a esta, a cidade e o rio Belona* (daqui partem habitualmente as travessias para Tinge*, na Maurúsia*), e existem mercados e salgas (também Zélis* era vizinha de Tinge*, mas os Romanos* transferiram-na para o lado oposto, tendo inclusive levado consigo alguns habitantes de Tinge*. Enviaram ainda colonos seus e designaram a cidade como *Iulia Ioza*). Depois vem Gades*, uma ilha separada da Turdetânia* por um estreito braço de mar, a uma distância de Calpe* de uns setecentos e cinquenta estádios[86] (de uns oitocentos, segundo outros)[87]. Esta ilha não se diferencia em nada das demais, mas devido ao valor dos seus habitantes nas navegações e à amizade com os Romanos* atingiu um tal desenvolvimento em todo o tipo de prosperidade que, embora situada numa região periférica da terra, é a mais famosa de todas. Mas falaremos sobre ela quando falarmos também sobre as restantes ilhas[88].

9.

Em seguida está o chamado Porto de Menesteu* e o estuário de Asta* e de Nabrissa* (chamam-se estuários às depressões cobertas pelo mar nas enchentes da maré e que, como rios, permitem a navegação para o interior e para as cidades nas suas margens). Imediatamente depois vem a embocadura do Bétis*, dividida em duas partes; a ilha delimitada pelas bocas do rio determina um litoral de cem estádios[89], ou até mais, segundo alguns. Algures aí fica o oráculo de Menesteu* e ergue-se a Torre de Cepião*, sobre um rochedo batido pelo mar, admiravelmente concebida à semelhança do Farol de Alexandria[90]*, para auxílio dos navegadores; com efeito, o aluvião

---

[84] 7,4 km.

[85] Timóstenes de Rodes (séc. III a. C.), autor de um catálogo sobre portos que terá sido muito utilizado por Eratóstenes.

[86] 139,2 km.

[87] 148,5 km.

[88] Cf. 3. 5.

[89] 18 km.

[90] Comparação encomiástica da Torre de Cepião com o Farol de Alexandria, considerado uma das sete maravilhas do mundo antigo, como se sabe.

produzido pelo rio forma baixios e a zona diante dele é rochosa, de modo
que era necessário sinalizá-la bem. A partir dali situa-se o canal do Bétis*, a
cidade de Ebura* e o santuário da deusa Fósforo, à qual chamam *Lux Dubia*.
Depois vêm os canais dos outros estuários e, a seguir a estes, o rio Anas*,
também ele com duas bocas, e o canal que, a partir delas, sobe o rio. Em
seguida, por fim, o Promontório Sagrado*, que dista de Gades* menos de
dois mil estádios[91] (alguns, porém, dizem que desde o Promontório Sagrado*
até à boca do Anas* são sessenta milhas[92], e daí até à boca do Bétis*, cem[93],
e depois, até Gades*, setenta[94]).

---

[91] 370 km.

[92] Uma milha romana corresponde a 8 estádios e a 1480 m; 60 milhas equivalem, assim, a
88, 8 km (a propósito da conversão da milha romana em estádios, cf. Pothecary 1995: 55 sqq.).

[93] 148 km.

[94] 103, 6 km.

Capítulo 2
Turdetânia

1.

Assim, para o interior da margem do lado de cá do Anas*, encontra-se a Turdetânia*, que o rio Bétis* atravessa. Delimita-a, a oeste e a norte, o rio Anas*; a este, alguns Carpetanos* e os Oretanos*; a sul, aqueles dentre os Bastetanos* que ocupam uma estreita faixa costeira entre Calpe* e Gades*, e a seguir o mar, até ao Anas* (os Bastetanos* que mencionei, contudo, pertencem também à Turdetânia*, assim como os do lado de lá do Anas*, e muitas outras das populações limítrofes). A dimensão deste território, em comprimento e largura, não é superior a dois mil estádios[95], mas as cidades são, em proporção, em grande número (de facto, há quem diga que são duzentas). As mais conhecidas são as que se erguem nas margens dos rios, dos estuários e do mar, devido à sua localização vantajosa. Mas as que mais cresceram pelo seu prestígio e poder foram Córdoba* (fundação de Marcelo[96]) e também a cidade dos Gaditanos[97]*: esta, graças às suas navegações e por se ter associado aos Romanos* através de uma aliança; aquela, pela excelência e extensão do seu território e, em grande parte, por confinar com o rio Bétis*. Habitaram-na desde início homens escolhidos de entre os Romanos* e dos indígenas, e além disso foi esta a primeira colónia que os Romanos* enviaram para estes lugares[98]. Depois desta cidade e da dos Gaditanos*, a notável Híspalis*, também ela uma colónia dos Romanos*, que agora permanece como mercado; pelo seu valor e por se terem estabelecido recentemente ali como colonos soldados de César, sobressai Bétis*, embora não disponha de uma população ilustre[99].

2.

Depois destas <cidades> vêm Itálica* e Ilipa*, junto ao Bétis*, Ástigis*, a alguma distância, e também Carmo* e Obulco*, e ainda aquelas em que os filhos de Pompeio foram vencidos[100], Munda*, Atégua*, Urso*, Túcis*, Úlia* e

---

[95] 370 km.

[96] Marco Cláudio Marcelo que, na primeira metade do século II a.C., terá fundado a cidade de Córdoba.

[97] = Gades

[98] A este propósito, cf. García y Bellido 1959: 447-512, em particular, 451 sqq.

[99] Córdoba, Gades, Híspalis, Bétis são cidades que se distinguem na Turdetânia, facto a que por certo não é alheia a intervenção romana nesses lugares, evidenciada pela perspectiva de Estrabão – factores históricos aliam-se assim à fertilidade natural dos territórios, granjeando-lhes visibilidade.

[100] Gneu e Sexto Pompeio, filhos de Pompeio, envolveram-se em confrontos vários com

Égua*, todas elas não longe de Córdoba*. De certa forma, Munda* tornou-se a capital desta região. Munda* dista mil e quatrocentos estádios[101] de Carteia*, para onde fugiu Gneu depois de ser derrotado[102]; em seguida, tendo navegado dali e desembarcado numa região montanhosa sobranceira ao mar, foi morto. O seu irmão Sexto, porém, que saiu com vida de Córdoba* e combateu durante pouco tempo entre os Iberos*, mais tarde sublevou a Sicília*; depois, banido dali para a Ásia*, foi capturado pelos soldados de António[103] e perdeu a vida em Mileto[104]*. Entre os Célticos*, Conistorgis* é a cidade mais conhecida, mas nos estuários é Asta*, na qual os Gaditanos* se reúnem de preferência, situada a não muito mais de cem estádios do porto da ilha[105].

3.

Ao longo das suas margens, o Bétis* é habitado por uma população numerosa e é navegável por perto de mil e duzentos estádios[106] desde o mar até Córdoba* e aos lugares situados um pouco para o interior. Na verdade, as zonas ribeirinhas e as ilhotas no curso do rio estão cuidadosamente cultivadas. Acresce a isto o encanto da paisagem, graças às propriedades embelezadas com pequenos bosques e com outras variedades de plantas. Até Híspalis*, pois, a navegação faz-se em embarcações de tamanho considerável, por um número de estádios que não fica muito aquém dos quinhentos[107]; em contrapartida, para as cidades mais para o interior, até Ilipa*, em embarcações mais pequenas; e até Córdoba*, em barcos fluviais (hoje de construção mais complexa, mas outrora canoas feitas de um só tronco[108]). Para cima, na direcção de Castulo*, o rio não é porém navegável. A norte, paralelas ao rio, estendem-se algumas cadeias de montanhas, mais próximas ou mais afastadas, repletas de minério (o mais abundante, no entanto, é a prata, nas regiões próximas de Ilipa* e

---

César, na Península Ibérica, contando com o apoio de aliados que o pai deixara nessas paragens. No entanto, ambos acabariam por ser vencidos.

[101] 259 km.

[102] Gneu Pompeio, filho mais velho de Pompeio, fez frente aos partidários de César em várias cidades da Turdetânia. Derrotado no entanto por César na Batalha de Munda, em 45 a. C., conseguiu escapar com vida para Carteia, cidade da qual se viu também obrigado a fugir, por não se sentir protegido. Perseguido ao longo da costa, acabaria por ser assassinado.

[103] Marco António, membro do segundo triunvirato em Roma, juntamente com Octávio e Lépido.

[104] Cf. App. *BC* 5. 1. 1. O filho mais novo de Pompeio, Sexto Pompeio, após a derrota em Munda, conseguiu fugir para a Sicília, onde constituiu uma base de apoio que ofereceu resistência aos membros do segundo triunvirato romano durante algum tempo. Acabou todavia por se ver obrigado a escapar para a Ásia Menor, onde seria apanhado e executado, na cidade de Mileto, em 35 a.C.

[105] 18 km.

[106] 222 km.

[107] 92,5 km.

[108] Cf. 3. 3. 7, também relativo a uma evolução evidente da construção naval.

de Sisapão*, quer da chamada Antiga, quer da Nova; e perto das chamadas Cotinas* produz-se bronze e ouro em simultâneo). Assim, pois, estas montanhas encontram-se à esquerda para os que navegam rio acima; à direita, por sua vez, estende-se uma vasta planície, elevada, fértil, com grandes árvores e abundante em pastagens.

O Anas* também é navegável, mas não para barcos tão grandes, nem por tamanha distância. Elevam-se igualmente sobre ele montanhas com minério, que se prolongam até ao Tejo[109]*. As regiões que têm minas são necessariamente rochosas e pouco férteis (tal como as que confinam com a Carpetânia* e, ainda mais, com os Celtiberos*); assim é também a Betúria*, com planícies áridas que se estendem ao longo do Anas*.

4.

Mas a própria Turdetânia* é admiravelmente afortunada: como produz de tudo e em grande quantidade, duplica estas potencialidades com a exportação. De facto, o excedente dos seus produtos é facilmente vendido, graças à dimensão da sua frota comercial. Proporcionam-no os rios e os estuários que, como disse[110], são comparáveis aos rios e igualmente navegáveis desde o mar até às cidades no interior, não só para barcos pequenos, mas também para grandes.

Na verdade, toda a região que fica para o interior da costa entre o Promontório Sagrado* e as Colunas* é na sua maior parte uma planície. Aí, em vários pontos, depressões avançam do mar para o interior, semelhantes a ravinas pouco profundas ou a leitos de rios, e estendem-se por muitos estádios. As subidas do mar durante as enchentes da maré inundam-nas de tal maneira que nelas se navega nada pior do que nos rios, mas até melhor, pois a navegação parece-se com as descidas fluviais, sem qualquer obstáculo, e ainda com o mar a ajudar, devido à enchente da maré, como se fosse o curso de um rio. As subidas do mar são maiores ali do que noutros lugares porque as águas, impelidas do alto mar para a passagem estreita que a Maurúsia* forma com a Ibéria*, encontram refluxos e precipitam-se para as partes da terra que lhe cedem facilmente[111]. Na verdade, algumas destas depressões esvaziam-se durante as marés baixas; a outras, porém, a água não as abandona por completo; outras ainda confinam ilhas em si mesmas.

Tais são os estuários situados entre o Promontório Sagrado* e as Colunas* que têm uma subida mais acentuada em comparação com outros sítios. Uma subida desta natureza proporciona também uma vantagem para as necessidades

---

[109] Alusão, eventualmente, aos Montes de Toledo (cf. Gómez Espelosín et al. 2012: 170, n. 28).

[110] Cf. 3. 1. 9.

[111] Aujac 1966: 292 observa que a força das marés nesta região se deve à configuração da costa, muito recortada.

dos navegantes, pois torna os estuários mais numerosos e maiores - e, com frequência, navegáveis até oito estádios[112] -, de forma que, de alguma maneira, deixa todo o território navegável e propício às exportações e importações de mercadorias. Mas tem também um inconveniente: de facto, as navegações nos rios, devido ao ímpeto da enchente da maré, que empurra com muita força em sentido contrário ao da corrente dos rios, causam um risco não pequeno para as embarcações, quer para as que descem em direcção ao mar, quer para as que sobem para o interior. Por outro lado, os refluxos nos estuários são perigosos, pois também eles aumentam na mesma proporção dos fluxos e, devido à sua rapidez, deixam muitas vezes o navio em seco. E os rebanhos que atravessavam para as ilhas diante dos estuários, na verdade, foram algumas vezes engolidos pelas águas; outras vezes, foram isolados e, coagidos, não tiveram força para regressar e pereceram (mas as vacas, segundo se diz, por terem já observado o que acontece, aguardam a retirada do mar e afastam-se então para terra firme).

5.

Depois de terem apreendido as características naturais destes lugares e que os estuários podiam prestar um serviço semelhante ao dos rios, os habitantes fundaram cidades poderosas e outras povoações nas suas margens, como nas dos rios. Entre elas estão Asta*, Nabrissa*, Ónoba*, Ossónoba*, Ménoba* e outras mais. Acrescentam-se também canais que foram abertos em vários pontos, já que existe comércio que vem de muitos lugares e que vai para muitos lugares, quer a nível interno, quer para o exterior. E as confluências das águas contribuem de igual modo muito para as navegações, quando as enchentes da maré se derramam sobre os istmos que separam os canais e os tornam navegáveis[113], de forma que os bens podem ser transportados dos rios para os estuários e destes para aqueles.

Todo o comércio marítimo se dirige para Itália* e para Roma*, com uma boa navegação até às Colunas* - excepto se alguma dificuldade surge nas proximidades do Estreito* - e na zona mais aberta do Nosso Mar*. Com efeito, os percursos cumprem-se através de um clima sereno, sobretudo ao navegar-se em alto mar: e isso é vantajoso para os barcos comerciais. Além disso, os ventos do alto mar sopram com regularidade. E reina agora a paz,

---

[112] 1480 m. No que diz respeito à definição desta distância, há uma disparidade entre diversas edições; a de Radt apresenta a lição 8 estádios, ainda que essa proposta não pareça ajustar-se à realidade (outros autores propõem ora 100, ora 400, ora 800 estádios. Gómez Espelosín et al. 2012: 172, n. 30 consideram razoável a sugestão de 400 estádios).

[113] Trata-se de um passo sujeito a interpretações diversas por parte dos editores – optou-se por seguir a lição da Loeb, neste caso específico, porque se considerou mais inteligível.

depois de liquidados os piratas[114], de modo que existem todas as facilidades para os navegantes. Posidónio diz porém que observou algo peculiar na sua viagem de regresso da Ibéria*: o facto de, naquela parte do mar <que vai> até ao Golfo Sardo*, os ventos de este soprarem como etésios[115]; por isso aportou com dificuldade a Itália* ao fim de três meses, após ter sido sacudido quer para as Ilhas Gimnésias*, quer para a Sardenha*, quer para outras partes da Líbia* em frente a estas.

6.

Exporta-se da Turdetânia* cereal e vinho em quantidade[116], bem como azeite, não só em quantidade, mas também da melhor qualidade. Exporta-se igualmente cera, mel e resina[117], quermes em quantidade e um vermelhão[118] de qualidade não inferior ao da terra de Sinope*. Além disso, os estaleiros produzem ali mesmo, a partir de madeira autóctone; e existem entre eles minas de sal e não poucas correntes de rios salobres, nem pouca é a salga de peixe, não apenas local, mas também de todo o outro litoral para lá das Colunas*[119], não inferior à salga do Ponto*. Dantes, contudo, vinha <da Turdetânia> tecido em quantidade, mas agora lãs, sobretudo as negras cor de corvo; e é insuperável a sua beleza (compram-se os carneiros para a reprodução pelo menos por um talento[120]). Insuperáveis <são> também os tecidos delicados como os que os Salcietas* fabricam[121]. Há ainda uma grande abundância de gado de todas as espécies e de caça, mas escassez de animais nocivos, salvo os coelhos que perfuram o solo, a que alguns chamam 'leberides', pois estragam plantas e sementes ao alimentarem-se das raízes. E isto acontece por quase toda a Ibéria*, estende-se ainda até Massília* e molesta também as ilhas (diz-se até que os habitantes das Gimnésias* enviaram um dia uma embaixada aos Romanos* com um pedido de terras, pois haviam sido expulsos das suas por estes animais, já que não podiam oferecer-lhes resistência devido ao seu grande número[122]. E de facto, para

---

[114] A propósito da repressão da pirataria, actividade que constituía um entrave ao comércio, cf. Churruca 2001: 53-54.

[115] Ventos sazonais que sopram de verão no Mediterrâneo e que, pelo relato de Posidónio, não tornariam a navegação mais fácil.

[116] A propósito da exportação de vinho da Bética, evidenciada pelos achados arqueológicos, cf. Fabião 1998: 181 sqq.

[117] Corante carmesim usado em tintas, obtido a partir da excrescência da fêmea de um insecto, o pulgão, existente nalgumas espécies de carvalho (a fêmea é designada como cochonilha).

[118] Ocre vermelho também conhecido como mínio (cf. Plin., *H.N.* 33. 36-37).

[119] Sobre a existência de várias unidades de preparados de peixe nesta área peninsular, cf. Fabião 2009: 555 ssq.

[120] Cerca de 27,5 kg de prata.

[121] Plin., *H.N.* 8. 73 refere-se às lãs da Hispânia.

[122] Plin., *H.N.* 8. 81 menciona de igual modo este episódio, que teria ocorrido na época de Augusto. Cf. ainda Estrabão 3. 5. 2.

tamanho combate, que nem sempre acontece, um flagelo destruidor, como de serpentes e ratos dos campos, haveria talvez necessidade de tão grande auxílio; mas para uma situação comum, foram encontradas diversas formas de caçar. Com efeito, <os Turdetanos> criam de propósito furões que a Líbia* produz, os quais, depois de açaimados, soltam para as tocas: estes, com as garras, arrastam para fora os que tiverem agarrado, ou obrigam-nos a fugir para a luz do dia, e <homens> que estão de vigia caçam-nos quando saem).

Quanto à abundância das exportações da Turdetânia*, evidencia-a o tamanho e a quantidade dos seus barcos: de facto, os seus enormes navios de comércio viajam por mar para Dicearquia* e para a Óstia* (porto de Roma*) e, pelo seu número, equivalem-se mais ou menos aos dos Líbios[123]*[...][124].

7.

Embora o interior seja tão rico na Turdetânia*, também se encontrará na costa uma rival, graças aos bens do mar. Na verdade, todas as variedades de ostras e de outros animais revestidos de conchas se distinguem em geral, em quantidade e tamanho, em todo o Mar Exterior*, mas ali particularmente, porquanto as marés cheias e baixas são maiores nessa zona, as quais, como é natural, devido ao exercício que proporcionam, são responsáveis tanto pelo seu número como pelo seu tamanho[125]. O mesmo acontece também com todos os cetáceos, narvais[126], baleias e cachalotes[127], que, ao respirarem, tornam visível a quem observa de longe a imagem de uma coluna nebulosa. E os congros parecem monstros, ao excederem muito os nossos em tamanho, assim como as moreias e muitos outros peixes do género (diz-se que em Carteia* há búzios e búzios-fêmea de dez cótilos[128] e que nos lugares mais exteriores a moreia e o congro pesam mais de oitenta minas[129], o polvo um

---

[123] Gómez Espelosín et al. 2012: 178, n. 47 sublinham a riqueza agrícola, pesqueira e metalúrgica da Turdetânia, bem como o papel dinamizador de Roma na exportação dos seus produtos, facto destacado pela obra estraboniana.

[124] Texto corrupto nos manuscritos. O termo *ekpollaplasiasis* não faz sentido neste passo, pelo que não se traduziu.

[125] Às histórias resultantes da falta de dados sobre uma Ibéria distante, Estrabão vai contrapondo novos conhecimentos e razões científicas que o conduzem a ser céptico em relação a algumas informações - cria assim uma imagem renovada da Península situada no extremo ocidente, para a qual contribuiu decisivamente a intervenção civilizadora de Roma, como sublinha.

[126] A identificação deste animal não é segura: o termo grego remete para algo aguçado, pelo que se optou por traduzir por 'narval'; outros tradutores, no entanto, preferem traduzir por 'orca'.

[127] A identificação do animal é incerta. Lasserre 1966: 189 sublinha que o termo *physeter* é um *hápax, ce qui rend incertaine l'identification de l'animal*.

[128] Alusão à unidade de medida, tendo em conta a capacidade de um vaso específico, o cótilo: equivale a cerca de 2, 39 litros.

[129] Cerca de 36 kg.

talento[130] e que as lulas-pequenas e espécies afins medem dois codos[131]). E sobrevém também a esta zona muito atum da outra parte da costa exterior, gordo e volumoso. Alimenta-se de bolota de um carvalho que se dá no fundo do mar, de uma espécie rasteira, mas que produz um fruto muito suculento[132]. Dá-se também muito em terra firme na Ibéria*, com raízes grandes como as de um carvalho na maturidade, mas que cresce menos do que um arbusto de pequenas dimensões. Produz de tal forma fruto, porém, que, depois do seu amadurecimento, a costa, tanto para cá como para lá das Colunas*, fica coberta de bolota que as marés arrastam. A da costa para cá das Colunas*, contudo, é sempre mais pequena e encontra-se em maior quantidade. Políbio afirma que esta bolota chega mesmo até à costa latina, "a não ser" – diz -, "que a Sardenha e a terra vizinha a produzam também"[133]. E os atuns, quanto mais se aproximam das Colunas*, vindos do exterior, mais emagrecem por falta de alimento. Este animal é como um porco do mar, pois regala-se com a bolota e engorda acima de tudo com ela, e se há abundância de bolota, há também abundância de atuns.

8.

No entanto, embora a dita região seja dotada de tantos bens, não é desvantagem, mas pelo contrário, vantagem a aplaudir e a admirar a sua generosidade natural em minério[134]. Na verdade, todo o território dos Iberos* está repleto deste recurso, ainda que nem todo seja tão fértil e próspero, sobretudo o que abunda em minério. É raro que uma região seja afortunada em ambos os recursos; e também é raro que a mesma região seja copiosa em todo o tipo de minério numa área reduzida. Em relação à Turdetânia*, porém, e à região confinante, deixam sem qualquer palavra adequada quem pretende louvar a sua excelência nesta matéria. De facto, nem ouro, nem prata, nem

---

[130] Uns 27, 5 kg.

[131] 92, 5 cm.

[132] Segundo Alarcão 2005: 307-308,
"os supostos carvalhos (…) seriam (…) algas fixas ao fundo do mar, cujas vesículas de flutuação seriam chamadas, em grego, *balanoi*. O nome, que se aplicava também às bolotas dos carvalhos, terá induzido ao erro de considerar carvalhos o que, na realidade, seriam algas. (…) Das ditas algas (…), quando em fase de senescência, e devido à agitação do mar, desprendiam-se frondes que boiavam. Não podiam alimentar-se delas os atuns. Mas tais algas serviam de alimentos a uma espécie de caranguejos (…) <que> constituem mais de 90% dos conteúdos digestivos dos atuns (…) que se encaminham do Atlântico para o Mediterrâneo".
Plin., *H.N.* 13. 49 refere-se também a carvalhos que crescem no mar, embora sem os associar aos atuns.

[133] 34. 8.

[134] Sobre a abundância de recursos como o ouro na Península Ibérica, cf. também Plin., *H.N.* 33. 21.

cobre, nem ferro se encontraram até agora em alguma parte da terra que se produzam em tão grande quantidade ou com tamanha qualidade. E o ouro não se extrai só das minas, mas também se draga. Com efeito, os rios e as torrentes arrastam a areia aurífera que existe em muitos lugares, mesmo nos sítios desprovidos de água; nestes, porém, é invisível, enquanto nos locais alagados o pó do ouro reluz. Todavia, <os Turdetanos>, ao inundarem também os lugares secos com água que transportam, tornam o pó brilhante; e escavando poços e concebendo outras técnicas, removem o ouro da areia por lavagem. E mais numerosas do que as minas são, na actualidade, as chamadas "lavandarias de ouro" (os Gauleses* consideram o minério próximo do seu, quer o do Monte Cemeno*, quer o que se encontra no sopé dos próprios Pireneús*, mas na verdade o minério daqui tem mais fama). E diz-se que na poeira do ouro se encontram também algumas vezes pepitas de meia libra[135], a que chamam *palae*[136], que apenas necessitam de um pequeno tratamento. Diz-se ainda que, quando as pedras se partem, encontram-se pepitas mais pequenas, semelhantes a mamilos; e que, do ouro fundido e tratado com uma terra de alúmen, se forma como composto o *electrum*; e que ao fundir este de novo, como contém uma mistura de prata e de ouro, a prata se consome mas o ouro permanece, pois a liga é fácil de fundir e dura como uma pedra[137] (por isso, também, o ouro funde-se melhor com fogo de palha, porque a chama, como é suave, é adequada a uma substância que cede e se funde com facilidade; o carvão, pelo contrário, consome uma grande quantidade, fundindo-a em demasia devido à sua intensidade, e evaporando-a). Nas correntes, draga-se e lava-se ali perto, em tinas, ou escava-se um poço e lava-se a terra extraída. Os fornos de fundir a prata constroem-se elevados, de modo a que a fuligem das pepitas se escape para o ar, pois é pesada e nociva. Algumas das minas de cobre são designadas como "minas de ouro", do que se depreende que antes se extraía delas ouro.

9.

Posidónio, ao louvar a quantidade do minério e a sua excelência, não se abstém da sua retórica habitual, mas entusiasma-se em vez disso com as hipérboles. Na verdade, afirma que não põe em dúvida a história de que um dia, quando as florestas arderam, a terra, posto que composta de prata e de ouro, <se fundiu e> ferveu à superfície, por isso toda a montanha e toda a colina são matéria passível de cunhagem, amontoada por uma sorte pródiga. E em geral – continua –, qualquer um que tenha visto esses lugares poderia

---

[135] Uma libra corresponde a 218 gr.

[136] Provavelmente, um termo de origem ibérica.

[137] Cf. Plin., *H.N.* 33. 23: o *electrum* é uma liga de ouro e de prata. A propósito da técnica da amálgama da prata, cf. Chic García 1991: 7-29.

concluir que são tesouros eternos da natureza ou banca inesgotável de um império. De facto, acrescenta, não só era rico o solo, como rico era também o subsolo, e entre os Turdetanos*, na verdade, o mundo subterrâneo, não o habita Hades, mas Plutão[138]. Assim, pois, com belas figuras[139] se exprimiu Posidónio acerca deste assunto, como se também ele se servisse de boa parte do seu discurso retirado de uma mina[140]. E ao descrever o zelo dos mineiros, cita a afirmação de Demétrio de Faleros[141], porque este diz, a propósito das minas de prata da Ática[142]*, que os homens cavavam tão intensamente que esperariam extrair o próprio Plutão. Mostra assim que o esforço e o empenho dos Turdetanos* são semelhantes quando escavam galerias tortuosas e profundas e desviam com as conchas egípcias[143] todas as correntes que nelas encontram com frequência. No entanto, nota que o processo não é o mesmo para estes e para os da Ática*; na verdade, para estes, a mina era semelhante a um enigma, pois "aquilo que retiravam, não o tomavam; aquilo que tinham, desperdiçavam-no[144]". Para os Turdetanos*, contudo, é extraordinariamente vantajosa: por um lado, para os que que trabalham o cobre, extraem da terra uma quarta parte de cobre puro, enquanto para alguns dos que exploram a

---

[138] Posidónio estabeleceria uma distinção entre Hades e Plutão, nomes diferentes para a mesma divindade ctónica, segundo diversas versões; a opção de Posidónio é significativa num passo que pretenderia destacar sobremodo o expressivo jogo de palavras, em grego, baseado na etimologia do nome de Plutão (cf. *ploutos*, que significa 'riqueza'); esse jogo, porém, perdeu-se na tradução.

[139] Na tradução deste passo, optou-se por seguir a lição da Loeb, que pareceu mais adequada.

[140] Observe-se, de novo, a atitude crítica de Estrabão face às suas fontes, sendo que neste passo específico o reparo se dirige em particular ao estilo da informação transmitida.

[141] Demétrio de Faleros, que governou Atenas no final do século IV a. C.; obrigado entretanto a exilar-se no Egipto, tornou-se próximo de Ptolomeu I. As afirmações de Demétrio de Faleros, referenciadas também por Ath. 6. 23, poderão ilustrar a ganância dos Atenienses, segundo algumas interpretações, ou também evidenciar a intensidade exigida ao trabalho árduo dos mineiros, que precisavam por norma de escavar muito para obter pouco.

[142] Alusão às famosas minas de prata de Láurion, na Ática, um dos recursos principais da economia de Atenas.

[143] Referência ao célebre 'parafuso de Arquimedes', assim designado pela atribuição habitual da sua invenção ao grego Arquimedes (séc. III a. C.) – cf. D. S. 5. 37; utilizado em simultâneo para irrigação e para drenagem, entre outras funções, terá sido usado pelos Egípcios para as águas do Nilo e seria conhecido como 'caracol' devido à sua forma.

[144] D. S. 5. 37 menciona também este enigma, expressivo, de acordo com algumas interpretações, do mau aproveitamento das minas da Ática. O enigma teria sido apresentado a Homero por alguns pescadores, após um dia mal sucedido – "they sat on the sand with their small catch, and became covered with vermin. The fish they abandoned, but the vermin they could neither abandon nor catch" - Jones 1960: 45, n. 2 (cf. ainda Lassere 1966: 43, n. 2; Gómez Espelosín 2012: 186, n. 70, Meana y Piñero 1992: 62-63, n. 87).

O enigma, capaz de ilustrar também o desperdício que a actividade mineira implica em geral – cf. a ideia de escavar muito para aproveitar pouco -, interessa sobremodo a Estrabão, na medida em que lhe permite sublinhar a singularidade do caso das minas exploradas pelos Turdetanos.

prata a título privado, em três dias é possível extrair um talento eubeu[145]. Afirma ainda que o estanho não se encontra à superfície, como os historiadores repetem continuamente, mas que é escavado e produzido entre os bárbaros situados para lá dos Lusitanos* e nas Ilhas Cassitérides[146]* e é transportado das Ilhas Britânicas* para Massília*. Mas entre os Ártabros*, continua, que são os povos do extremo da Lusitânia*, a norte e a ocidente, a terra floresce com prata, estanho e ouro branco (pois é misturado com prata); e a essa terra, os rios arrastam-na; as mulheres, depois de a removerem com as pás, lavam-na em peneiras entrelaçadas [...][147]. Foi isto, portanto, o que Posidónio disse acerca da exploração do minério.

10.

Políbio[148], por seu turno, ao recordar as minas de prata de Nova Cartago*, diz que são muito grandes, que distam da cidade uns vinte estádios[149], que compreendem um circuito de quatrocentos estádios[150], onde se mantinham quarenta mil trabalhadores que proporcionavam nessa época ao povo romano vinte e cinco mil dracmas[151] por dia. Todavia, em relação ao processo de exploração, deixo de lado <tudo> o resto (pois é longo), excepto que ele conta que a pepita de prata arrastada pelas correntes é esmagada e filtrada na água em peneiras; os resíduos são de novo esmagados e, depois de filtrados nas águas correntes, são de novo esmagados. E fundido o quinto resíduo, depois de filtrado o chumbo, obtém-se a prata pura. As minas de prata existem ainda na actualidade, embora não pertençam ao Estado – na realidade, nem ali, nem noutros lugares -, mas passaram para mãos privadas. A maior parte das minas de ouro, ao contrário, é património do Estado. Em Castulo* e noutros lugares, há um tipo específico de exploração mineira do chumbo; este tem misturada uma pequena quantidade de prata, de modo que não seria vantajoso purificá-la.

11.

Não muito longe de Castulo* está também a montanha a partir da qual se diz que o Bétis* corre, chamada Argêntea* devido às minas de prata que nela se encontram. Políbio[152], porém, afirma que tanto o Anas*

---

[145] Um talento corresponde a cerca de 26 kg.
[146] Cf. 3. 5. 11.
[147] Texto corrupto nos manuscritos. A edição seguida pela presente tradução não propõe uma solução que faça sentido.
[148] 34. 9.
[149] Uns 3,7 km.
[150] 74 km.
[151] Equivale a uns 115 kg de prata.
[152] Cf. 34. 9.

como aquele nascem na Celtibéria*, ainda que distem um do outro uns novecentos estádios[153] - de facto, os Celtiberos*, depois de terem aumentado o seu poder, fizeram com que toda a região vizinha recebesse deles o nome. Parece, por outro lado, que os antigos chamavam Tartesso* ao Bétis* e Eriteia* a Gades* e às ilhas vizinhas; por isso se crê que Estesícoro[154] terá falado deste modo do pastor Gérion[155], que teria nascido "quase em frente à ilustre Eriteia*, junto às fontes inesgotáveis do rio Tartesso* de raiz argêntea, numa caverna nas rochas"[156]. Como o rio tem duas embocaduras, diz-se que, no espaço entre ambas, se estabelecera anteriormente uma cidade a que chamavam Tartesso*, homónima do rio, e ao território, Tartésside*, o qual os Túrdulos* ocupam na actualidade. Mais: Eratóstenes afirma que à região contígua a Calpe* se chama Tartésside*, e a Eriteia*, a Ilha Afortunada. Contradi-lo Artemidoro, com o argumento de que esta afirmação está errada, e também que de Gades* ao Promontório Sagrado* distam cinco dias de navegação – não sendo mais do que mil e setecentos estádios[157] -, e que as marés terminam neste Promontório, em vez de ocorrerem ao redor de toda a terra habitada[158], e que as partes setentrionais da Ibéria* proporcionam um acesso mais fácil em direcção à Céltica* do que a quem navega pelo Oceano*, e, de facto, quantas outras afirmações fez confiado em Píteas[159], por jactância.

---

[153] 166,5 km.

[154] Estesícoro de Himera (sécs. VII-VI a. C.), poeta da lírica coral, de quem se conservam alguns fragmentos. A sua *Gerioneida* contava as aventuras de Héracles aos confins ocidentais do mundo, em busca dos ricos rebanhos de bois de Gérion, situando assim episódios míticos num espaço geográfico concreto, ainda que longínquo.

[155] Gigante de três cabeças e com corpo triplo até à cintura, senhor de múltiplas manadas em Tartesso, na Hispânia; representa um dos inúmeros inimigos que Héracles teve de enfrentar, desta feita naquele que constituía o seu décimo trabalho (cf. Hes., *Th.* 287 sqq.). Héracles conseguiu cumprir a missão de que fora incumbido – roubar os rebanhos de Gérion -, depois de causar a morte do gigante.

[156] Cf. frg. 7 Page.

[157] 314,5 km.

[158] A propósito desta convicção de Eratóstenes, apoiada nas informações de Píteas de Marselha e contradita por Artemidoro, Aujac 1966: 292, n. 1 observa que "Pythéas fait sans nulle doute allusion au fait que l'amplitude de la marée est plus grande entre Gadès et le Cap Sacré".

[159] Píteas de Marselha (séc. IV a. C.), que navegou para lá das Colunas, rumo a norte, passando pela Península Ibérica e descobrindo as regiões mais ocidentais da Europa. A sua obra sobre o Oceano não se conservou. Terá sido olhado com cepticismo por homens como Políbio ou Estrabão, na senda das informações decorrentes da sua viagem, porquanto punham em questão dados tradicionais. No entanto, serviu por certo como fonte a Eratóstenes, facilitando-lhe elementos sobre a costa ocidental da Ibéria, que lhe terão permitido delinear a Península "dentro de su esquema general de la tierra habitada" (Gómez Espelosín et al. 2012: 449). A propósito da posição adoptada face ao testemunho de Píteas por vários nomes que lhe sucederam, relacionados com a geografia, cf. Aujac 1966: 40 sqq.

12.

O poeta[160], por seu turno, que é alguém de muitas vozes[161] e de muitos conhecimentos, dá indício de que não é desconhecedor destes lugares, se se quiser argumentar correctamente a partir de dois tipos de afirmações, das menos fidedignas sobre estas regiões e das mais fidedignas e credíveis. Por um lado, as menos fidedignas: por exemplo, que esta terra[162] tinha fama de ser a última a ocidente, onde, como ele próprio diz, "a radiosa luminescência do Sol caiu no Oceano, / arrastando a negra noite por cima da terra dadora de cereais"[163]. É evidente que a noite é de mau agoiro e próxima do Hades*, e o Hades* do Tártaro[164]*. Poder-se-ia supor que o poeta, ouvindo falar de Tartesso*, teria denominado a partir daí o Tártaro*, a última das regiões subterrâneas, e que teria ainda acrescentado um elemento mítico para salvaguardar o tom poético. De igual modo, sabendo que os Cimérios* habitavam em zonas boreais e sombrias junto ao Bósforo*, situou-os perto do Hades[165]* (talvez também em conformidade com um ódio comum dos Iónios* a esse povo, pois diz-se que foi no tempo de Homero ou um pouco antes dele que a invasão dos Cimérios* alcançou a Eólia* e a Iónia*). E criou também as Planctas* à semelhança das Ciâneas*, desenvolvendo os mitos a partir de alguns relatos históricos (na verdade, conta que existem uns escolhos perigosos, como dizem que são as Ciâneas*- pelo que são chamadas também Simplégades[166]* -, e por

---

[160] Alusão a Homero, uma voz reconhecida como autoridade em distintos domínios da vida humana por autores antigos como Heródoto (cf. 2. 53), Xenofonte (cf. *Smp.* 3. 5-6; 4. 6), Platão (cf. *R.* 606e-607a) ou Estrabão (cf. 1. 1. 2), por exemplo. O autor de Amásia, que o considerava *o fundador da ciência geográfica* (cf. 1.1.2), mostra todavia consciência de progressos no conhecimento geográfico desde a tradição épica, decorrentes em particular das conquistas romanas (sobre este assunto, cf. Prontera 1999: 17-29).

[161] Alusão à variedade de figuras e de assuntos apresentados por Homero.

[162] Tartesso.

[163] *Il.* 8. 485-486. As traduções da *Ilíada* são retiradas de Lourenço 2005.

[164] "Entre o Tártaro e o Hades estabelece-se uma diferença mais de situação e finalidade do que de aspecto, uma vez que ambos são lugares afastados, profundos, mergulhados na bruma e bolorentos. O primeiro é um sítio de castigo especial, destinado a deuses ou semi-deuses que ofenderam as divindades maiores... (...) ...as noções de Hades, Tártaro e noite são afins e, em larga medida, equivalentes" (Rocha Pereira 1953-1954: 66 e 65).

[165] Cf. *Od.* 11. 13-19.

[166] *Planctas* ('as errantes') e *Kyaneas* ('as azuis', também designadas como *Symplegades* ('as que chocam')), eram rochedos que, no imaginário grego, atrapalhavam a passagem dos navios, como se a natureza se defendesse dos atropelos dos homens. Tradicionalmente situadas no Mar Negro e relacionadas, ora umas (Planctas – cf. *Od.* 12. 55. sqq.), ora outras (Ciâneas – cf. Hdt. 4. 85. 1, A. R. 2. 316 sqq.), com o mito dos Argonautas e com as dificuldades de travessia até à Cólquida, não apresentam em Estrabão uma localização segura, no que às Planctas diz respeito, porquanto o autor as associa quer à entrada do Estreito das Colunas, quer à entrada do Estreito da Sicília (cf. Estreito de Messina, entre a Sicília e o sul de Itália).

isso situou a expedição de Jasão[167] a navegar através delas. E o estreito das Colunas* e o da Sicília* sugeriram-lhe o mito sobre as Planctas*).

Assim, em relação às afirmações menos fidedignas, poder-se-ia aludir, a partir da sua criação mítica do Tártaro*, à memória das regiões em redor de Tartesso[168]*.

13.
E agora, o que diz respeito às mais fidedignas de entre essas afirmações: a expedição de Héracles, que se estendeu até estas paragens[169], e a dos Fenícios* inspiraram-lhe uma certa riqueza e indolência das suas gentes, pois estas tornaram-se tão completamente submissas aos Fenícios* que a maior parte das cidades da Turdetânia* e das regiões vizinhas são hoje habitadas por aqueles[170]. E a expedição de Ulisses, ao que me parece, por ter sido realizada também até aqui e por ter sido investigada por Homero, serviu-lhe de pretexto para, quer em relação à *Odisseia*, quer à *Ilíada*, a partir do que realmente aconteceu, transformá-lo em poesia e na criação mítica habitual nos poetas[171]. Na verdade, não só as regiões de Itália*, da Sicília* e algumas outras registam sinais disso, como também na Ibéria pode ver-se uma cidade chamada Odisseia*, um templo de Atena e ainda mil vestígios daquelas errâncias de Ulisses e de outros acontecimentos a partir da guerra de Tróia[172]* que causaram dano por igual aos que foram atacados e aos que tomaram Tróia* (de facto, deu-se o caso de estes terem obtido uma vitória à Cadmo[173], ao serem destruídas as casas e tendo cabido a cada um pequeno despojo); sucedeu aos que sobreviveram que, depois de terem escapado dos perigos, se dedicaram à pirataria, como também os Gregos*, uns por terem sido saqueados, os outros por vergonha, por cada um presumir que "é vergo-

---

[167] Comandante da expedição grega dos Argonautas à Cólquida, a bordo da nau Argo, em busca do velo de ouro demandado pelo rei Pélias.

[168] Estrabão sublinha nestas linhas a falsa relação etimológica entre 'Tártaro' e 'Tartesso', numa alusão às palavras que se criam para dar voz ao mito.

[169] Nova referência à expedição do herói grego Héracles à Ibéria, em busca das vacas de Gérion.

[170] Na Antiguidade, estabeleceram-se diversas comunidades fenícias na Península Ibérica (cf. e.g. Alarcão e Arruda 2012: 158-159, s.u. 'Fenícios'; Silva 2014: 47-62).

[171] Passo que testemunha a crença estraboniana na veracidade da informação homérica sobre o extremo ocidente. A propósito da relação entre verdade e criação poética em Homero, cf. Aujac 1966: 31-36.

[172] Cf. 3. 4. 3, onde Estrabão recorre ao testemunho de Asclepíades de Mirleia para confirmar a presença de heróis gregos na Ibéria. Posidónio e Artemidoro, por seu turno, referem-se também a uma cidade chamada Odisseia e ao templo de Atena na Hispânia.

[173] Cf. com a expressão 'uma vitória à Pirro', de igual modo tradutora do custo demasiado elevado que um triunfo pode ter também para os vencedores (Cadmo, lendário fundador de Tebas, matou o dragão que guardava a fonte de Ares, mas teve de expiar a sua morte).

nhoso demorarmo-nos para regressarmos sem nada[174]" de novo a casa. Foram ainda transmitidas as errâncias de Eneias[175], de Antenor[176] e as dos Énetos*; do mesmo modo, também as de Diomedes, Menelau, Ulisses[177] e as de outros mais. O poeta, portanto, informado sobre tantas expedições até aos confins da Ibéria* e conhecendo também a sua riqueza e as demais qualidades - pois os Fenícios* haviam-no revelado[178]-, imaginou ali a morada dos piedosos e os Campos Elísios*, onde Proteu diz que Menelau haveria de habitar: "para os Campos Elísios nos confins da terra/ os imortais te levarão, para lá onde vive o loiro Radamanto/ e a vida para os homens é da maior suavidade./ Não há neve, nem grandes tempestades nem sequer chuva,/ mas o Oceano faz soprar as brisas do Zéfiro guinchante/ para trazer aos homens o deleite da frescura"[179].

E de facto, a pureza do ar e a doçura da brisa do Zéfiro[180] são características desta região, por ser ocidental e quente e por se encontrar nos confins da terra, onde dizemos que o mito situa também o Hades*. O citado Radamanto evoca o lugar próximo de Minos, sobre o qual <Ulisses> diz: "foi então que vi Minos, o filho glorioso de Zeus, com o ceptro/ dourado na mão, a julgar os mortos[181]".

E os poetas posteriores compõem versões próximas: a expedição até às vacas de Gérion e, de igual modo, até às maçãs de ouro das Hespérides[182],

---

[174] *Il.* 2. 298.

[175] Herói troiano cujas aventuras são narradas na *Eneida* de Virgílio, desde a queda de Tróia até à chegada de Eneias a Itália, destinado pelos deuses a fundar uma nova cidade no Lácio. A menção a Eneias, aos Énetos, a Antenor, Diomedes, Menelau e Ulisses enquadra-se no contexto deste passo, na medida em que todos eles foram protagonistas de viagens.

[176] Velho herói troiano, companheiro de Príamo, é aquele que, na *Ilíada*, mais compreensão manifesta em relação aos Gregos e mais tenta arranjar uma solução que permita terminar com a guerra. A tradição posterior, mais cruel, apresenta-o como alguém que traiu os Troianos e ajudou os Gregos a entrar na cidade. Terá viajado para Itália, com os filhos, após a guerra, e a tradição dá-o como fundador de Patávio (Pádua) - cf. Verg., *Aen.* 1. 242 sqq.

[177] Heróis gregos que lutaram em Tróia e aos quais se associam histórias de regressos mais ou menos atribulados, após a queda de Ílion.

[178] Cf. interpretação evemerista do fundo mítico homérico, que procura enquadrar historicamente mitos tradicionais (sobre esta questão, cf. Prontera 1999: 25). A partir de informações de carácter histórico, como as que terão sido dadas pelos Fenícios, os poetas criaram narrativas fabulosas, nomeadamente as expedições de Héracles ou de Ulisses.

[179] *Od.* 4. 563-568. As traduções da *Odisseia* são retiradas de Lourenço 2005.
Proteu era uma divindade marinha polimórfica, com o dom da profecia; Radamanto, por seu turno, era irmão de Minos, antigo rei de Creta, e, juntamente com este, um dos juízes dos mortos, no Hades.

[180] Vento que soprava do oeste.

[181] *Od.* 11. 568-569. Optou-se por esclarecer que estas palavras são proferidas por Ulisses, num momento em que o herói grego está a contar aos Feaces a sua catábase aos Infernos para consultar a alma do adivinho Tirésias.

[182] As Hespérides eram ninfas que vigiavam o jardim divino onde se encontravam as maçãs de ouro da deusa Hera; no seu décimo primeiro trabalho, Héracles conseguiu apoderar-se dos

designando inclusivamente algumas ilhas como "dos Bem-Aventurados"*, ilhas essas que, como sabemos, ainda se vêem na actualidade não muito longe dos promontórios da Maurúsia*, que ficam em frente a Gades*.

14.

Os Fenícios*, como digo, foram os informadores; e, de facto, eles ocuparam a melhor parte da Ibéria* e da Líbia* antes da época de Homero e continuaram a ser senhores destes lugares até os Romanos* terem destruído o seu domínio[183]. E sobre a riqueza da Ibéria*, há também estes testemunhos: os Cartagineses*, ao fazerem uma expedição militar com o Barca[184], apanharam as gentes da Turdetânia*, segundo dizem os historiadores, a utilizar manjedouras de prata e jarros. E poderia pensar-se que é à sua grande prosperidade que os homens dali, e sobretudo os seus chefes, devem a fama de *Macraionas*[185] e que por isso Anacreonte teria dito o seguinte: "Eu não quereria a cornucópia de Amalteia[186], nem século e meio ser rei de Tartessos[187]", e ainda que Heródoto registara o nome do rei, chamando-lhe Argantónio[188] (de facto, poder-se-á interpretar as palavras de Anacreonte assim - de um modo literal -, ou de uma forma mais geral, assim: ser rei de Tartesso* durante muito tempo[189]*). Alguns, porém, chamam Tartesso* à actual Carteia*.

15.

A prosperidade da região veio acompanhada para os Turdetanos* do progresso civilizacional e político, e também para os Célticos*, devido à sua

---

afamados frutos. O jardim das Hespérides é situado em localizações distintas, de acordo com fontes diversas, nomeadamente nas montanhas da Arcádia, na Grécia, junto ao monte Atlas, em África, ou no extremo ocidente (Ilhas Canárias, Madeira...).

[183] Notem-se os sucessivos povos que foram dominando na Ibéria: Fenícios, Cartagineses, Celtas, Romanos.

[184] Amílcar Barca, general cartaginês que, após a derrota perante Roma, na primeira guerra púnica (241 a. C.), se voltou para a Península Ibérica – em 237 a. C., a partir de Cádiz, empreendeu várias expedições no sul peninsular, ao longo do rio Bétis, procurando garantir a hegemonia cartaginesa nesse território.

[185] *Macraionas* = 'de longa vida'.

[186] Nome concedido ora à ninfa que terá amamentado Zeus, em Creta, às ocultas de Cronos, ora à cabra que lhe terá dado o leite e que Zeus recompensou, colocando-a entre as constelações. O corno de Amalteia era conhecido como corno da abundância, porquanto dele jorrava néctar e ambrósia (cf. *cornu copiae*).

[187] Frg. 16 Page (trad. de Rocha Pereira 2009: 144).
Anacreonte de Teos (sécs. VI-V a. C.) era um poeta da lírica grega da época arcaica.

[188] Heródoto de Halicarnasso (séc. V a. C.), que nas suas *Histórias* apresenta informações sobre diversos povos da Antiguidade, ainda que os do extremo ocidente ocupem um carácter marginal na obra – "l' Occidente erodoteo non è perciò un Occidente itinerario, come l' Egitto (...): è un Occidente che appare e scompare, secondo le esigenze narrative" (Nenci 1990: 305). Em 1. 163. 2 afirma que Argantónio viveu 120 anos e reinou durante 80 em Tartesso.

[189] O passo é problemático, suscitando interpretações e traduções distintas.

vizinhança - segundo diz Políbio[190], por causa do parentesco -, mas para estes em menor escala (pois a maior parte deles continua a viver em aldeias[191]). Contudo, os Turdetanos*, e sobretudo os que vivem em redor do Bétis*, adoptaram por inteiro o estilo de vida dos Romanos*, nem sequer se recordando já da sua própria língua[192]. Na sua maioria, tornaram-se Latinos* e receberam Romanos* como colonos[193], de modo que pouco <lhes> falta para serem todos Romanos*[194]. E as cidades agora povoadas de forma mista[195], *Pax Augusta*[196]* entre os Célticos*, *Augusta Emerita** entre os Túrdulos*, *Caesaraugusta** na região dos Celtiberos* e algumas outras colónias evidenciam a transformação das mencionadas formas de vida cívica. E todos os Iberos* que adoptaram este modelo são denominados *togati*[197] (entre eles estão também os Celtiberos*, que outrora eram considerados como os mais selvagens de todos). É isto o que há a dizer sobre os Turdetanos*.

---

[190] 34. 9. 3.

[191] A noção de 'viver em aldeias', para além de poder fazer alusão ao facto de as localidades habitadas serem mais pequenas, representa um tipo de organização político-social que Estrabão considera mais primitiva, contrapondo-se à ideia de *polis*, entendida como uma organização mais evoluída e modelar (a propósito da cidade como forma de vida, cf. Cruz Andreotti 1994: 63 e a bibliografia aí indicada; Cortijo Cerezo 2004: 124 observa que "la civilización va indisolublemente ligada al desarrollo de las ciudades, mientras la barbarie es propia de los asentamientos aldeanos").

[192] A interpretação deste fragmento suscita controvérsia: Lasserre 1966: 193 entende-o como expressivo de que a Turdetânia da época de Artemidoro (sécs. II-I a. C.) se encontraria inteiramente romanizada, conclusão com a qual Richardson 1986: 4, n. 14 não concorda (note--se que a posição de Richardson parece encontrar apoio no próprio livro terceiro estraboniano).

[193] Canto 2001: 437 chama a atenção para o facto de, por certo, não ter sido na época de Augusto que a Turdetânia recebeu colonos romanos pela primeira vez.

[194] Lasserre 1966: 193 nota que "la concession massive du droit latin <est> l'oeuvre de César, entre 48 e 44", a cidades não itálicas com um estilo de vida romanizado e que incluíam cidadãos romanos.

[195] Cf. infra, 3. 3. 5 – não se trata de cidades fundadas *ex nouo*, mas antes de repovoamentos que misturam população autóctone com cidadãos romanos (sobre esta questão, cf. Canto 2001: 435). No entanto, a maioria dos tradutores continua a preferir 'fundadas, fundações'.

[196] A actual cidade de Beja, designada também como *Pax Iulia*. É possível que Estrabão lhe tenha dado o nome *Pax Augusta* na ideia de que tivesse sido povoada de forma mista por Augusto. Jorge de Alarcão, em conversa informal com os tradutores, admite que a cidade poderia inclusive ter sido chamada *Pax Iulia Augusta*, do mesmo modo que Mérida foi *Iulia Augusta Emerita*, sendo que assim como Mérida deixou cair o nome *Iulia*, também Beja poderia ter eliminado o nome *Augusta*.

[197] As edições de Radt e da Loeb apresentam a forma *togatoi*; outras edições, porém, como a de Lasserre, substituem-na por *stolatoi*, opção preferencial para Canto 2001: 458 sqq.

Capítulo 3
Costa ocidental e setentrional da Ibéria.
Lusitânia. Montanheses do norte peninsular

1.

Se se retomar desde o princípio, a partir do Promontório Sagrado*, para o outro lado da costa, em direcção ao Tejo*, há um golfo, depois um cabo, o Barbário*, e perto deste, as embocaduras do Tejo*; até elas, em navegação em linha recta, estádios [...] são dez[198]. Existem também ali estuários, dos quais um avança mais de quatrocentos estádios[199] a partir da mencionada torre[200], ao longo do qual se erguem [povoações] [...][201]*.

O Tejo* tem de embocadura uma extensão de vinte estádios[202] e uma grande profundidade, de modo que pode ser subido por cargueiros com capacidade para dez mil ânforas[203]. Quando as marés têm lugar, forma dois estuários nas planícies que se situam para o interior, de modo que se estende como um mar por cento e cinquenta estádios[204] e torna a planície navegável; no estuário superior circunda uma pequena ilha de cerca de trinta estádios[205] de comprimento, e de largura um pouco aquém do comprimento, fecunda e com belas vinhas. A ilha fica diante de Móron*, cidade bem situada numa elevação perto do rio, a uns quinhentos estádios[206] do mar, e também com uma terra fértil em redor e com as navegações fáceis até uma distância considerável, inclusive para grandes embarcações, embora o resto do percurso, apenas para barcos de rio (e acima de Móron*, <o Tejo> é navegável por uma distância ainda maior). A esta cidade, Bruto, denominado o Galaico[207],

---

[198] 1850 m. No que toca à definição de distância, há uma disparidade entre diversos comentadores; a edição de Radt, seguida pela presente tradução, tem a lição dez estádios, mas outras indicam mil estádios, ou seja, uns 185 km.

[199] 74 km. Trata-se por certo do estuário do Sado; o outro estuário a que Estrabão faz referência seria o da ribeira de Marateca (cf. Alarcão 2004: 318).

[200] Estrabão teria feito alusão, anteriormente, a uma torre, menção não documentada.
Segundo Alarcão 2004: 317-319, *pyrgos* poderá corresponder a um farol que existia em Outão. A tradução do termo *pyrgos* por 'farol' é uma possibilidade que Leão e Mantas 2009 evidenciam, por analogia com o farol outrora erguido em Alexandria: "...a designação de 'farol' resulta (...) do facto de a Torre (...) haver sido edificada em Faros, uma pequena ilha situada em frente do porto de Alexandria" (114); "o monumento construído em Alexandria (...) determinou a designação genérica para os edifícios com funções semelhantes..." (117-118).

[201] O texto é corrupto neste passo.

[202] 3,7 km.

[203] Cerca de 260 toneladas.

[204] 27,75 km.

[205] 5,55 km.

[206] 92,5 km.

[207] Décimo Júnio Bruto, denominado Galaico (séc. II a. C.), terá dirigido uma expedição

usou-a como base de operações quando lutou contra os Lusitanos* e os submeteu. [...][208] poderia ter as navegações desimpedidas e o abastecimento dos víveres, de modo que, de entre as cidades em redor do Tejo*, são estas as mais poderosas. O rio, por outro lado, é abundante em peixes e está repleto de bivalves[209]. E tendo a sua nascente entre os Celtiberos*, corre através de Vetónios*, Carpetanos* e Lusitanos* em direcção ao ocidente equinocial, sendo paralelo até certo ponto ao Anas* e ao Bétis*, mas afastando-se deles depois, quando se desviam para a costa sul.

2.

Os povos estabelecidos para o interior das regiões mencionadas são os Oretanos*, que ficam mais a sul e se estendem até à costa da parte de cá das Colunas*. Os Carpetanos*, por seu turno, vêm a seguir a estes, para norte, depois Vetónios* e Vaceios* - por cujo território corre o Douro*, que tem travessia em Acúcia*, uma cidade dos Vaceios*. E os últimos são os Galaicos*, que ocupam uma grande parte da zona montanhosa (por isso, ao serem também os mais difíceis de combater, eles próprios deram o sobrenome ao que submeteu os Lusitanos[210]* e fizeram com que à maior parte dos Lusitanos* se chame ainda hoje Galaicos*). Da Oretânia*, sem dúvida, as cidades mais poderosas são Castulo* e Oria*.

3.

A norte do Tejo*, a Lusitânia* é o maior agregado populacional dos Iberos* e o combatido durante mais tempo pelos Romanos*. Delimitam esta região, do lado sul, o Tejo*; a oeste e a norte, o Oceano*, e a este, os Carpetanos*, os Vetónios*, Vaceios* e Galaicos* (povos estes conhecidos[211]; os outros, nem vale a pena nomeá-los, devido à sua pequena dimensão e falta de renome); ao contrário dos contemporâneos, porém, alguns chamam-lhes também Lusitanos[212]*. Os Galaicos* são, pela parte oriental, vizinhos do

---

contra os Lusitanos do noroeste peninsular a partir de Móron; o sucesso da empresa ter-se--á traduzido em diversas conquistas até à foz do rio Minho, na região da Galécia (cf. o seu sobrenome), segundo Estrabão (cf. infra, 3. 3. 4). A campanha terá ocorrido entre 138-137 a. C., ainda que haja dúvidas em relação à cronologia das expedições de Bruto.

[208] Alguns editores propõem para este passo, muito corrupto, a possibilidade de uma referência à fortificação de Olisipo por Décimo Júnio Bruto, o Galaico – é o caso da edição da Loeb, cuja conjectura levaria a uma tradução como 'e na barra do rio fortificou Olisipo'.

[209] A afirmação estraboniana instiga Fabião 2009: 561 a atestar a "riqueza das pescarias lusitanas, afamada desde tempos remotos", sendo que a pesca era considerada "como uma das grandes actividades económicas do extremo ocidente da Península Ibérica".

[210] Décimo Júnio Bruto, o Galaico.

[211] A propósito da definição cambiante dos limites territoriais da Lusitânia, mesmo em Estrabão, cf. Gómez Espelosín et al. 2012: 209-210 e 412-415, s. u. 'Lusitânia'.

[212] Cf. e.g. Políbio 35. 2.

povo das Astúrias* e dos Celtiberos*; os restantes, por seu turno, apenas dos Celtiberos*. Assim, o comprimento da Lusitânia* é de três mil estádios[213], mas muito menor é a largura entre o extremo oriental e a costa. O lado oriental é alto e escarpado; todavia, a região situada a seus pés é toda plana mesmo até ao mar, à excepção de algumas elevações que não são grandes. E por isso, decerto, Posidónio afirma que Aristóteles não atribui correctamente a causa das marés altas e baixas à costa (ao longo da Ibéria* e da Maurúsia*[214]), pois terá dito que o mar se agita em fluxos e refluxos por causa de os promontórios serem altos e escarpados, os quais não só recebem a onda com resistência, como também a devolvem [...]. Mas pelo contrário, para ser exacto: a maior parte deles é arenosa e baixa.

4.

Ora a região de que estamos a falar é fértil e atravessada por rios grandes e pequenos, todos eles fluindo desde as partes orientais, paralelos ao Tejo*; e a maior parte deles tem navegações rio acima e uma grande quantidade de pepitas de ouro[215]. Destes rios, os mais conhecidos, a seguir ao Tejo*, são o Mondego*, que permite uma pequena navegação rio acima, bem como o Vouga*. Depois destes o Douro*, que vem de longe e corre por Numância* e por muitas outras povoações de Celtiberos* e Vaceios*, e que é navegável para grandes embarcações por cerca de oitocentos estádios[216]. Em seguida outros rios, e após estes o Letes*, a que alguns chamam Lima* e outros Belião*; também este flui desde território dos Celtiberos* e Vaceios*[217]. Depois deste, o Báinis* (outros, no entanto, dizem Minho*), de longe o maior dos rios na Lusitânia* e igualmente navegável por oitocentos estádios (Posidónio afirma que este corre desde território dos Cântabros*). Diante da sua embocadura situam-se uma ilha e dois quebra-mares com ancoradouros[218]. É justo louvar a natureza, porque estes rios têm as margens altas e capazes de receber o mar nos seus canais quando a maré sobe, de modo que não transbordam nem

---

[213] 555 km.

[214] Posidónio terá efectivamente visitado a Ibéria, ao contrário de Aristóteles, cujo conhecimento assentava em informação de segunda mão; neste passo, com a legitimidade conferida pelo seu testemunho pessoal, Posidónio refuta a descrição que o Estagirita apresenta da topografia do litoral peninsular, bem como a teoria da origem das marés com ela relacionada.
Embora respeitando a edição do texto de Radt, optou-se por divergir em termos de pontuação, deslocando o fecho do parêntesis para depois do termo 'Maurúsia'.

[215] Alarcão e Barroca 2012: 222-224 referem a importância dos recursos auríferos no território português, recolhidos em minas e em aluviões, e destacam as várias menções de autores latinos à "riqueza aurífera do Tejo" (224).

[216] 148 km.

[217] Na realidade, o rio Lima nasce na província de Ourense, ou seja, mais a ocidente do território de Celtiberos e Vaceios.

[218] Referência, eventualmente, ao Castro de Santa Tecla ou a Ínsua.

inundam as planícies. Foi precisamente este o limite da campanha de Bruto; mas mais adiante existem muitos outros rios, paralelos aos mencionados.

5.

Os últimos são os Ártabros* e habitam junto do cabo ao qual chamam Nério*, que constitui o extremo dos flancos ocidental e setentrional da Ibéria* (nos seus arredores habitam Célticos*, aparentados com os das margens do Anas[219]*. Conta-se que quando estes e os Túrdulos* conduziram até ali uma expedição militar, se revoltaram depois da travessia do rio Lima*, e que após a revolta, como acontecera a perda do seu chefe, se fixaram dispersos nessa região[220]; e que também por isso o rio se denominaria Letes[221]*). Os Ártabros* têm numerosas cidades concentradas no golfo que os navegantes que frequentam estes lugares designam como Porto dos Ártabros*. Os coevos chamam Arotrebas* aos Ártabros*[222].

Deste modo, pois, cerca de uns trinta povos ocupam o território entre o Tejo* e os Ártabros*. Apesar de a região ser próspera em frutos, gado e abundância de ouro, prata e metais semelhantes[223], a maior parte deles, contudo, abandonou a exploração da terra: passavam o tempo em piratarias e em guerras contínuas, quer entre si, quer (atravessando o Tejo*), contra os seus vizinhos, até que os Romanos* os impediram, humilhando-os e reduzindo a maior parte das suas cidades a aldeias[224], e associando também colonos a algumas delas, para melhor resultado[225]. Deram início a esta anarquia os habitantes das montanhas, como é natural, pois como ocupavam uma terra pobre e possuíam territórios reduzidos, cobiçavam o alheio. E os outros, ao defenderem-se deles, tornaram-se necessariamente impotentes em relação às actividades próprias, de modo que também eles guerreavam em vez de

---

[219] Plin., *H.N.* 4. 20 também situa aqui Célticos (cf. Alarcão 2010: 7-14).

[220] Alarcão 1999: 135 sublinha a dificuldade em datar este acontecimento (500 a. C.? séc. IV a. C.? séc. III a. C.?).

[221] *Lethes*, termo grego com o sentido literal de 'esquecimento', refere-se ora ao mítico rio tradicionalmente situado no Hades, cujas águas faziam os mortos esquecer a vida terrena, ora também ao actual rio Lima português, como acontece neste passo estraboniano. Conta-se que Célticos e Túrdulos, depois de passarem o Lima, e sem o seu chefe, não souberam regressar às terras de origem e permaneceram no noroeste peninsular – cf. Gómez Espelosín et al. 2012: 236-237, s.u. 'Olvido'.

[222] Cf. Plin., *H. N.* 4. 21.

[223] Achados arqueológicos atestam esta afirmação estraboniana (cf. Silva 1986: 111-113 e 231-232).

[224] '...Estrabón expresa un principio general de pensamiento político griego, que quienes viven en aldeas son salvajes, y éste es el caso de la mayoría de los iberos' (Gómez Espelosín et al. 2012: 103).

[225] Trata-se de núcleos em que cidadãos romanos se misturam com a povoação autóctone, não de fundações *ex nouo* (cf. Canto 2001: 425-476) – cf. supra, 3. 2. 15.

cultivarem as terras. E sobreveio que o território, descuidado, como estava estéril dos seus recursos naturais, era habitado por bandidos[226].

6.

Diz-se que os Lusitanos* são dados a emboscadas, à espionagem, que são vivos, ligeiros, bons em manobras[227]. Têm um escudo pequeno de dois pés de diâmetro, côncavo na frente, preso [ao corpo] por correias, pois não tem manilhas[228] nem outro tipo de pegas. Têm também um punhal ou um cutelo. A maior parte usa couraças de linho; alguns, porém, usam-nas de malha e elmos de três penachos, mas os restantes, elmos feitos de tendões. E os de infantaria têm também cnémides[229] e vários dardos cada um; uns quantos usam ainda uma lança (as pontas são de bronze[230]). Diz-se que alguns dos que habitam junto ao rio Douro* vivem à maneira lacónica[231], utilizando lugares específicos para se ungirem duas vezes por dia, tomando banhos de vapor produzido por pedras aquecidas[232], banhando-se em água fria[233] e fazendo uma única refeição diária, com limpeza e simplicidade. Os Lusitanos* são dados a sacrifícios e examinam as entranhas das vítimas sem as extrair; inspeccionam também as veias do flanco e é pelo tacto que se pronunciam. E fazem ainda predições através de entranhas de homens, prisioneiros de guerra, que cobrem com saios[234]; em seguida, quando a vítima é golpeada pelo arúspice nas entranhas, adivinham em primeiro lugar a partir do seu modo de cair (depois, cortando as mãos dos prisioneiros, consagram as direitas como oferenda aos deuses).

7.

Todos os habitantes das montanhas são frugais, bebem água, dormem no chão, deixam o cabelo cair pelas costas abaixo, à maneira das mulheres, mas

---

[226] D. S. 5. 34. regista que os Iberos e, em particular, os Lusitanos, se constituíam em bandos para roubar.

[227] A este propósito, cf. Tristão 2012: 143.

[228] "A manilha, de ferro, servia como pega, permitindo segurar o escudo..." (Tristão 2012: 29).

[229] Protecções para as pernas.

[230] A descrição estraboniana do armamento característico dos Lusitanos parece encontrar correspondências na estatuária de guerreiros da área castreja (cf. Silva 1986: 291).

[231] O autor usa como referente a realidade lacónica (ou espartana) que conheceria bem para aludir ao modo de vida em sociedade e, especificamente, à austeridade dos hábitos de povos que habitam nas margens do rio Douro.

[232] A menção aos banhos de vapor recorda os balneários castrejos, edifícios de utilidade pública (a este propósito, cf. Alarcão e Barroca 2012: 52-53, s. u. 'balneário castrejo' e Silva 1986: 53 sqq., em particular, 59).

[233] Os banhos de água fria seriam tomados após os de vapor (cf. Silva 1986: 49).

[234] Esta peça de vestuário seria uma cobertura usada por Gauleses e Hispânicos; segundo Silva 1986: 112, seria confeccionada a partir do linho cultivado pelos habitantes das montanhas.

combatem cingindo as frontes com uma fita[235]. Comem sobretudo carne de bode[236] e é um bode que sacrificam a Ares[237], e também cativos de guerra e cavalos[238]; e fazem ainda hecatombes de cada espécie, à maneira grega (como diz Píndaro: "de tudo se sacrifica à centena[239]"). Realizam igualmente competições gímnicas, quer para hoplitas[240], quer para cavaleiros (com pugilato, corrida, escaramuça e combate por grupos). Os habitantes das montanhas, durante duas partes do ano, utilizam bolotas, depois de as terem secado e triturado; logo as moem e as transformam em pão, de modo que se conservem por algum tempo[241]. E utilizam também cerveja, mas têm falta de vinho: o que arranjam, todavia, depressa o consomem[242], banqueteando-se com os

---

[235] Tendo por referência o 'eu' grego, Estrabão concentra neste capítulo distintos marcadores da identidade do 'outro', i. e., definidores da generalidade dos montanheses que habitavam o norte da Ibéria longínqua, nomeadamente relativos ao seu regime alimentar, à caracterização física, à indumentária, à vida comunitária, aos rituais de sacrifício, ao regime económico. Trata-se de uma abordagem "mais genérica, (...), que aponta para uma uniformidade cultural na Proto-história do Noroeste peninsular", sendo que dados arqueológicos evidenciam todavia "uma composição em subunidades de marcante individualidade". (...) "...é já possível esboçar aspectos importantes do sistema económico castrejo, que se nos afigura mais complexo e matizado do que Estrabão faz supor quando, em função dos seus padrões, ajuíza da subcultura e uniformidade do género de vida dos povos das regiões montanhosas do Norte" (Silva 1986: 17 e 111).

[236] A carne de bode/cabra era considerada especialmente nutritiva (sobre esta questão, cf. Dalby 2003: 160, s. u. 'goat'), e por isso, um elemento importante para gente muito activa, que realizava esforços violentos, como os combatentes. Todavia, a par do gado caprino, também o gado ovino e bovino é atestado pela arqueologia no regime alimentar destas comunidades, bem como os porcos e os cavalos. Confirma-se ainda a importância do leite e seus derivados na dieta dos habitantes das montanhas, bem como da lã e das peles dos animais, usadas em vestuário, no fabrico de armas e em barcos (cf. Silva 1986: 113).

[237] De modo significativo, os montanheses honravam Ares, um deus adequado para povos que se dedicavam à guerra, com a oferenda de um animal que criavam e que ingeriam habitualmente, numa atitude por certo com um valor simbólico específico (cf. Silva 1986: 295). Alarcão 2001: 304 associa a menção estraboniana a Ares, neste passo, a *Arentia* e/ou *Arentius*, divindade(s) guerreira(s) incluída(s) no panteão lusitano.

[238] A iconografia parece comprovar estes sacrifícios – cf. Silva 1986: 294.

[239] Cf. frg. 170 Maehler. A citação de Píndaro explicita o sentido do termo 'hecatombe', i. e., 'sacrifício de cem animais'. Dueck in Dueck *et al.* 2005: 103 afirma que o recurso à expressão de Píndaro se deve apenas a uma questão de embelezamento, i. e., serve para exprimir "the notion of hecatombs in a nicer, metrical way".

[240] Soldados de infantaria.

[241] A bolota, alimento tradicionalmente reservado aos animais, em particular aos porcos, era considerada um elemento menos nobre na confecção do pão, que tinha no trigo o seu ingrediente de excelência. Homens que descuravam a agricultura, segundo Estrabão, os montanheses serviam-se todavia da bolota que a natureza fornecia, secando-a, para lhe garantirem maior durabilidade, e moendo-a em seguida para fazerem pão, base da dieta alimentar das mais variadas culturas e épocas. Os achados arqueológicos confirmam que os habitantes das montanhas recorriam efectivamente à bolota (cf. Silva 1986: 111).

[242] A propósito da produção de vinho pelas comunidades das regiões montanhosas da Península Ibérica, cf. Fabião 1998, em particular as pp. 174, 178 sqq.

parentes[243]. Em vez de azeite, usam manteiga[244]. Tomam a refeição sentados, em bancos construídos em torno das paredes[245], e acomodam-se de acordo com a idade e a honra (a refeição circula) e, enquanto bebem[246], dançam em círculo ao som da flauta e da trombeta, mas também saltam e põem-se de cócoras[247]. Na Bastetânia*, dançam inclusive as mulheres em conjunto com os homens, de mão dada. Todos eles vestem de negro, a maior parte com saios, e é com eles que se deitam sobre camas de folhagem. Usam [...] de cabra, como os Celtas*. As mulheres, por seu turno, apresentam-se com capas e vestidos floridos. Em vez de moeda, os que estão bem no interior utilizam a troca de produtos ou, cortando uma lasca de prata, dão-na como pagamento. Aos condenados à morte, precipitam-nos de um penhasco, e aos parricidas, lapidam-nos fora dos limites das montanhas ou dos rios. Casam-se do mesmo modo que os Gregos*. Aos enfermos, tal como faziam os Egípcios* no passado, expõem-nos nos caminhos, para que quem tem experiência da doença dê conselhos[248]. Até ao tempo de Bruto, usavam embarcações de couro para atravessar as enchentes da maré e as zonas pantanosas, mas agora, mesmo as canoas feitas de um só tronco são raras. O sal é púrpura, mas branco depois de moído.

É este o modo de vida dos habitantes das montanhas, como disse – refiro-me àqueles que delimitam o lado norte da Ibéria*: Galaicos*, Ástures* e Cântabros*, até à região dos Vascos* e dos Pirenéus*, pois o modo de vida de todos eles é semelhante (temo porém exceder-me em nomes, pelo que evito o fastidioso do seu registo - a não ser que seja agradável para alguém

---

[243] Sobre o entendimento mais ou menos alargado do conceito de 'família' em Estrabão, cf. Silva 1986: 267 sqq., Cruz Andreotti 1999:11 e Alarcão 1999: 139.

[244] O recurso à manteiga em vez do azeite característico da dieta mediterrânica constituía para os Gregos uma marca típica dos bárbaros do norte, como nota Dalby 2003: 65, s. u. 'butter'. Silva 1986: 111-115 apresenta uma síntese sobre "actividades de subsistência" no noroeste peninsular, com indicação das espécies vegetais e animais utilizadas, comprovadas pelos achados arqueológicos, que amplia a informação estraboniana: aí se incluem cereais como o trigo, o milho miúdo e a cevada, o cultivo de favas e ervilhas, para além de gado diverso e abundante. A exposição estraboniana, limitada e pouco detalhada, a traduzir o carácter marginal que as questões alimentares assumem no discurso do geógrafo, revela uma dieta simples, pouco variada, o que parece corroborar a imagem selvagem e incivilizada que o autor exibe destes povos peninsulares, antes da intervenção romana.

[245] Nas casas dos castros do Minho há bancos de pedra, corridos, do lado interno das paredes, que correspondem à descrição de Estrabão. A este propósito, cf. Silva 1986: 49.

[246] Silva 1986: 49 refere o aparecimento, numa casa das escavações realizadas na cividade de Âncora, de um vaso de cerâmica, um púcaro, pelo qual os convivas beberiam o vinho, passando-o de mão em mão.

[247] O padrão de vida dos montanheses que Estrabão apresenta pressupõe a satisfação das necessidades biológicas de sobrevivência do ser humano, mas também práticas de convívio tradutoras de uma hierarquia social e geradoras de prazer.

[248] A propósito deste costume, cf. também Hdt. 1. 197. 1.

ouvir falar de Pleutauros*, Bardietas*, Alotrigues* e de outros nomes piores e mais obscuros do que estes).

8.

Todavia, o carácter incivilizado e selvagem <dos habitantes das montanhas> não resulta apenas da tendência para a guerra, mas deve-se também ao isolamento: de facto, a navegação e os caminhos até eles são longos, e como as comunicações se revelam difíceis, eles perderam o sentido de comunidade e de solidariedade. Actualmente, porém, experimentam estas circunstâncias em menor escala, graças à paz e à permanência dos Romanos*; mas aqueles que menos beneficiaram dessas condições são mais intratáveis e selvagens. E como para alguns povos existe miséria em função dos lugares e das montanhas em que habitam, é natural que um carácter tão singular se intensifique. No entanto, agora, como disse[249], todos os que guerreavam cessaram, pois mesmo aos que ainda hoje conservavam os seus hábitos de salteadores, sobretudo aos Cântabros* e aos seus vizinhos, César Augusto desmantelou-os[250] - e em vez de saquearem os aliados dos Romanos*, combatem agora a favor dos Romanos* os Coniacos* e os que vivem junto às fontes do Ibero* [...]. E Tibério[251], que sucedeu àquele, tendo estabelecido um corpo de três legiões nesses lugares (conforme havia sido indicado por César Augusto), tornou alguns desses povos não apenas pacíficos, mas também civilizados[252].

---

[249] Cf. 3. 3. 5

[250] Alusão às campanhas empreendidas pelo império romano contra as Astúrias e a Cantábria, no norte peninsular (29-19 a. C.), e em particular, à ocasião que conduziu o próprio Augusto a terras hispânicas, em 26-25 a. C., para assumir o comando da guerra – embora as hostilidades não tenham cessado em definitivo nessa altura, César Augusto, convencido de que a paz havia sido alcançada, mandou encerrar as portas do templo de Jano, em Roma, numa atitude simbólica de uma época de paz.

[251] Imperador romano entre 14 e 37 d.C.

[252] A concluir a descrição estraboniana do capítulo terceiro deste livro, a insistência, com intuito laudatório, na missão pacificadora e civilizadora do império romano no ocidente peninsular, sobremodo importante face a diversos povos, sobretudo aos habitantes das montanhas, que o autor considerava selvagens e incivilizados.

Capítulo 4
Das Colunas aos Pirenéus

1.

O que resta, ainda, da Ibéria*, é a costa do Nosso Mar*, a que vai das Colunas* até aos Pirenéus*, e toda a terra que se estende para o interior desta, de largura irregular e com um pouco mais de quatro mil estádios de comprimento[253]. A extensão da costa, segundo se disse já, será superior a este número em dois mil estádios[254]. Dizem que desde o monte Calpe*, junto das Colunas*, até Nova Cartago* são dois mil e duzentos estádios[255] (esta costa é habitada pelos Bastetanos*, a quem também chamam Bastulos* e, em parte, também pelos Oretanos*). A partir daí até ao Ibero* serão mais ou menos outros tantos estádios (esta parte da costa, ocupam-na os Edetanos*). Deste lado do Ibero* e até aos Pirenéus* e aos Troféus de Pompeio* são mil e seiscentos estádios[256] (vivem aí alguns Edetanos e, quanto ao resto, o povo chamado Indicetas*, dividido em quatro grupos).

2.

Com mais pormenor, começando a partir de Calpe*, existe a cadeia montanhosa da Bastetânia* e dos Oretanos*, que tem uma floresta densa, com árvores de grande porte, e estabelece a separação entre a costa e o interior. Existem ali, em muitos lugares, minas de ouro e outros metais.

A primeira cidade nesta costa é Málaga*, tão distante de Calpe* como Gades*. É um mercado para os Númidas* que vivem na costa em frente. Possui também grandes salgas de peixe. Alguns consideram que esta cidade é a mesma que Menace*, aquela que é, de acordo com a tradição, a última das cidades fócias situada a ocidente, mas não é assim: Menace* fica mais afastada de Calpe* – está completamente destruída, mas os vestígios que ainda restam são os de uma cidade grega –, enquanto Málaga* fica bastante mais perto e tem estrutura fenícia. A seguir fica a cidade dos Exitanos*, a partir da qual se diz ter também recebido o nome o peixe tratado nas salgas.

3.

Depois desta fica Abdera*, também ela fundada pelos Fenícios*. Para o interior destes lugares, na zona montanhosa, aparece Odisseia*, na qual se encontra o santuário de Atena, como afirmaram Posidónio, Artemidoro

---

[253] 740 km.
[254] 370 km. A extensão total da costa andará, de acordo com esta informação, pelos 1100 km.
[255] 407 km.
[256] 296 km.

e Asclepíades de Mirleia[257], homem que ensinou as letras na Turdetânia* e publicou uma descrição dos povos desta região. Afirma ele que, como recordação da viagem de Ulisses, se encontram pendurados, no santuário de Atena, escudos e ornamentos dos navios[258]. Além disso, afirma que alguns dos que participaram na expedição com Teucro[259] viveram entre os Galaicos* e que existem aí cidades, uma chamada Helenos*, a outra Anfílocos*, já que Anfíloco[260] teria morrido ali e os que estavam com ele teriam viajado até ao interior da região. Afirma ainda ter a informação de que alguns dos companheiros de Héracles e homens provindos da Messénia* colonizaram a Ibéria*. Também os Lacónios* ocuparam uma parte da Cantábria*, segundo este autor e outros. Nesse lugar, falam também de uma cidade chamada Ocela*, fundada por Ocela, que, com Antenor[261] e os filhos deste, fez a travessia em direcção a Itália. Além disso, alguns vieram a acreditar, fazendo fé nos mercadores de Gades*, como também afirmou Artemidoro, que, na Líbia*, aqueles que vivem para lá da Maurúsia*, junto dos Etíopes* ocidentais, se chamam Lotófagos* e se alimentam do lótus, uma erva e uma raiz, que não sentem a falta de bebida nem têm o que beber, por causa da seca[262], e que este povo se estende até às regiões para lá de Cirene*. Outros, por sua vez, também são chamados Lotófagos*, os que habitam uma das duas ilhas que ficam diante da pequena Sirte*, Meninx*.

---

[257] Natural de Mirleia, na Bitínia (região da Ásia Menor, junto ao estreito do Bósforo, na actual Turquia), Asclepíades terá vivido no século I a.C. e, segundo Estrabão, ensinou *ta grammatika* na Turdetânia e escreveu uma obra sobre os povos da região. Terá ensinado igualmente em Roma e terá sido autor de várias obras, entre as quais uma história da Bitínia, comentários às obras de Homero, Teócrito e Arato, uma monografia sobre a Taça de Nestor e um tratado sobre ortografia. Sexto Empírico (*Aduersos Grammaticos*) fala de um Asclepíades defensor da teoria de que a gramática era uma *techne* – há fortes probabilidades de se tratar do mesmo Asclepíades.

[258] Trata-se das figuras que adornavam os navios, colocadas tanto na proa como na popa.

[259] Filho de Télamon, originário de Salamina, participou, com o irmão Ájax, na expedição a Tróia. Do seu *nostos* fica a tradição de fundação de uma Salamina em Chipre, mas há também quem refira uma tradição que o coloca a viajar até à zona noroeste da Península (cf. Gómez Espelosín et al. 2012: 229-30, n.16).

[260] Figura sem qualquer presença relevante nos Poemas Homéricos. A tradição que o acompanha deverá estar associada a qualquer outra obra da tradição épica, eventualmente uma narrativa de *nostos*. Pelo que se sabe hoje em dia, não é possível fazer uma identificação consistente desta figura.

[261] Cf. 3. 2. 14, a propósito de Antenor e da sua viagem para Itália. Quanto a Ocela, que o terá acompanhado, não há menção a esta figura na tradição literária.

[262] Note-se a modificação que sofrem as propriedades da planta chamada lótus. Em Estrabão (e presume-se, portanto, de acordo com Artemidoro e com os mercadores de Gades que este ouviu), em vez de provocar o esquecimento, e de forma muito mais prática, esta planta faz desaparecer a necessidade de beber, o que se torna ajustadíssimo em regiões onde a água é escassa.

4.

Não causa surpresa a ninguém, por um lado, que o poeta, ao compor o enredo sobre a viagem de Ulisses, tenha colocado a maior parte das histórias acerca do seu herói para lá das Colunas de Héracles*, no Mar Atlântico* (de facto, as informações que possuía estavam de acordo não só com os lugares mas também com as outras coisas por ele moldadas, de tal modo estava a moldar uma narrativa em nada indigna de confiança). Não causa surpresa, igualmente, que outros, confiando nessas mesmas informações e no grande saber do poeta, tenham convertido a poesia de Homero em assuntos de natureza científica, exactamente como fez Crates de Malos[263] – e também alguns outros. [...][264] acolheram esta tentativa de forma tão rude que não só atiraram o poeta para fora de todo o referido conhecimento científico, como se ele fosse um cavador ou um ceifeiro, como ainda consideraram loucos os que tinham abraçado uma tal perspectiva. E nem um só dos homens de letras, nem um só dos notáveis pela sua sabedoria científica teve a coragem de, diante das palavras proferidas por esses, lançar uma defesa, uma correcção ou qualquer outra coisa semelhante – e a mim, no entanto, parece-me seguramente possível fazer a defesa não apenas de muito do que foi dito, como até usá-lo para fazer correcções, principalmente em assuntos como aqueles com que Píteas[265] enganou os que nele acreditaram, por desconhecimento dos lugares ocidentais e setentrionais à beira do Oceano*. Mas deixemos isto de parte, já que exigiria um tratamento próprio e extenso.

5.

Poderia pensar-se que as viagens dos Gregos* até junto dos povos bárbaros teriam como causa o facto de estes se dividirem em pequenos grupos e centros de poder, não tendo, por orgulho, relações uns com os outros – de tal modo que, por isso, seriam fracos diante dos que viessem de fora. Este orgulho auto-suficiente atingiu o seu ponto mais alto entre os Iberos*, ao qual se acrescentou, além disso, uma natureza enganadora e nada simples. Por isso tornaram-se, quanto ao seu modo de vida, agressivos e bandoleiros, atrevendo-se a feitos de pouca monta, não se lançando a coisas maiores porque não estavam preparados para essa grandeza em termos de poder e de união. De facto, se eles tivessem querido lutar em conjunto, uns ao lado

---

[263] Viveu no século II a.C. e foi um dos principais responsáveis pela escola de Pérgamo, dotada de uma excelente biblioteca. Dedicou-se principalmente aos estudos de Homero, defendendo, de acordo com a escola estóica, a veracidade daquilo que estava expresso em Homero e usando o poeta épico como base para a criação de teorias de âmbito geográfico e astronómico.
[264] Texto corrupto neste ponto. A tentativa de solução de Jones (1960: 84) e Lasserre (1966: 63) não parece inteiramente satisfatória.
[265] Cf. supra 3. 2. 11 e nota sobre esta figura.

dos outros, não teria sido possível aos Cartagineses*, quando os atacaram, submeter a maior parte deles com facilidade - tal como ainda antes, os Tírios* e depois os Celtas*, aos quais agora chamam Celtiberos* e Berões* -, nem tal teria sido possível ao bandido Viriato[266], nem a Sertório[267], mais tarde, nem a quaisquer outros que quisessem um maior poder. Também os Romanos*, por isso mesmo, ao combaterem contra os Iberos* separadamente, demoraram muito tempo a estender o seu poder sobre cada um dos povos, submetendo ora uns ora outros, até que lançaram o seu domínio sobre todos, passados cerca de duzentos anos ou mais. Mas vou então regressar à minha descrição.

6.

Ora então, a seguir fica Nova Cartago*, fundada por Asdrúbal, o sucessor de Barca, pai de Aníbal[268], claramente a mais poderosa das cidades nesta região. De facto, é uma cidade construída de forma notável, com uma posição inexpugnável e uma muralha, embelezada com portos, um lago e ainda as minas de prata, acerca das quais já falámos. Também existe, ali e nos lugares mais próximos, muita salga de peixe. Este é também o maior entreposto comercial, tanto do que vem do mar para as terras do interior, como do que vem daí para todo o exterior.

A costa que vai deste lugar até ao Ibero* tem a dividi-la, mais ou menos a meio, o rio Sucro* e, ao longo da sua foz, uma cidade com o mesmo nome. Este rio corre a partir de uma montanha próxima da cordilheira que se estende no interior de Málaga* e das terras à volta de Nova Cartago*. Pode atravessar-se a pé, é mais ou menos paralelo ao Ibero* e fica um pouco menos distante de Nova Cartago* do que do Ibero*. Assim, entre o Sucro* e

---

[266] Viriato, o chefe lusitano que ofereceu longa resistência aos Romanos (155-139 a.C.), aparece aqui apelidado de bandido, embora, ao mesmo tempo, o seu nome surja associado ao de Sertório, ambos apresentados como figuras que ganharam relevo dada a fragmentação dos vários povos de Ibéria, incapazes de combater em conjunto. Sobre Viriato, veja-se Alberto 1996.

[267] Comandante romano, afastado da Península por Sula, acabou por regressar para se colocar à frente de alguns dos povos peninsulares, enfrentando os Romanos. Defrontou Metelo e Pompeio, obteve algumas vitórias e acabou por cair, vítima de uma conjura urdida pelos seus. Tentou pôr a funcionar, nas zonas que controlava, instituições de governo parecidas com as romanas.

[268] Os generais cartagineses Amílcar e Asdrúbal, cunhados, foram os impulsionadores da ocupação da Ibéria, após a derrota cartaginesa na Primeira Guerra Púnica, tendo o segundo estabelecido um acordo com os Romanos, que marcava o Ibero (Ebro) como limite da expansão cartaginesa. Aníbal, filho de Amílcar, acabou por desencadear a Segunda Guerra Púnica, com o ataque a Sagunto, conduzindo, mais tarde, à organização da famosa expedição que atacou Itália por terra. Isso levou à ampliação do domínio cartaginês, durante algum tempo, em zonas da Península mais próximas dos Pirenéus. Além disso, Aníbal fez-se acompanhar de historiadores, como Sósilo e Silano, que reuniram as primeiras informações sistemáticas sobre a Ibéria e que foram certamente fontes usadas, por exemplo, por Políbio e Tito Lívio (cf. Gómez Espelosín et al. 2012: 312-313).

Nova Cartago* há três povoações dos Massaliotas*, não muito afastadas do rio. Destas, a mais conhecida é Hemeroscópio*, que tem, no seu ponto mais alto, um muito venerado templo a Ártemis Efésia. Este serviu a Sertório de base militar marítima (é um lugar fortificado e próprio para actividades de pirataria e, além disso, visível à distância para aqueles que se aproximam por mar). Chamam-lhe Diânio*, o que é o mesmo que Artemísio*. Tem perto umas produtivas minas de ferro, duas pequenas ilhas, Planésia* e Plumbária*, e ainda, estendendo-se para o interior, um lago salgado, com quatrocentos estádios de perímetro[269]. Em seguida fica a ilha de Héracles*, já perto de Nova Cartago*, à qual chamam Escombroaria*, por causa da captura de um peixe chamado escombro (a partir do qual se fabrica o melhor *garum*[270]). Fica à distância de vinte e quatro estádios de Nova Cartago[271]*. No lado oposto do Sucro*, a caminho da foz do Ibero*, fica Sagunto*, fundada pelos Zacíntios*. Aníbal, ao destruir esta cidade, contra o que tinha sido estabelecido com os Romanos, serviu-lhes de ignição para a segunda guerra contra os Cartagineses*. Perto ficam as cidades de Querroneso*, Oleastro* e Cartália* e, no exacto lugar onde se faz a travessia do Ibero*, fica a colónia de Dertosa*. O Ibero* corre, desde a sua nascente nos montes Cantábricos*, em direcção ao sul, através de uma vasta planície, num percurso paralelo aos montes Pirenéus*.

7.

Entre o delta do Ibero* e o ponto extremo dos Pirenéus*, onde se erguem os Troféus de Pompeio*, a primeira cidade é Tarraco*, que, embora sem porto, se situa numa baía e está suficientemente apetrechada quanto ao resto; além disso, é, na actualidade, não menos bem povoada do que Nova Cartago*. Tem as melhores condições para servir de residência aos que governam e apresenta--se como metrópole não apenas da região para cá do Ibero*, mas também de muitas das terras do lado de lá. Também as ilhas Gimnésias*, que se encontram perto, diante da cidade, e ainda Ebuso*, todas elas ilhas dignas de referência, anunciam claramente a localização favorável da cidade. Eratóstenes afirma que esta cidade tem um porto, mas Artemidoro, contradizendo-o, diz que a cidade não se mostra nada adequada à ancoragem de navios.

8.

Também todo o território, desde as Colunas* até aqui, tem falta de portos, mas daqui em diante já se sucedem, um após outro, portos de qualidade – e

---

[269] 74 km.

[270] O *garum* é definido por Dalby 2003: 156, s. u. *garum* nos termos seguintes: "a fermented fish sauce familiar in the Mediterranean world from the fifth century BC to the end of antiquity".

[271] 4, 4 km.

a boa região dos Leetanos* e dos Lartoletos* e de outros povos semelhantes, até chegar a Empório*. Esta é uma fundação dos Massaliotas* e fica a uma distância de cerca de duzentos estádios[272] dos montes Pirenéus* e das fronteiras entre a Ibéria* e a Céltica*. Também esta última região é, toda ela, rica e dotada de bons portos. Aí fica também Rode*, uma povoação pertencente aos Emporitanos* (ainda que alguns afirmem que foi fundada pelos Ródios*). Tanto aqui como em Empório* prestam culto a Ártemis Eféssia, mas trataremos a causa deste facto no que escrevermos acerca de Massília[273]. Os Emporitanos* habitavam primeiro numa pequena ilha que ficava diante da costa, a que hoje se chama Cidade Velha*, mas agora vivem no continente. A cidade divide-se em duas partes, separadas por uma muralha: primeiro, tinham como vizinhos próximos alguns dos Indicetas*. Estes, embora exercendo o governo à sua maneira, quiseram ter, ainda assim, por razões de segurança, um perímetro de protecção conjunto com os Gregos*. Mas este estava dividido em dois, separado a meio por uma muralha. Com o tempo caminharam para uma mesma organização política, um misto de princípios legais bárbaros e helénicos, como sucedeu em muitos outros lugares.

9.

Corre também perto dali um rio, que tem a sua nascente nos Pirenéus* e cuja foz funciona como porto para os Emporitanos*[274]. São também bastante competentes a trabalhar o linho, os Emporitanos*, e possuem uma região, no interior, que tem uma parte fértil, enquanto a outra produz esparto, o mais inútil do junco dos pântanos (a esta chamam Planície Juncária*). Alguns deles[275] distribuem-se pelas regiões mais altas dos Pirenéus*, até aos Troféus de Pompeio*, através dos quais se passa, a partir de Itália*, para a chamada Ibéria* exterior[276] e, sobretudo, para a Bética*.

---

[272] Os manuscritos apresentam, neste ponto, 4000 estádios. Esta distância não pode, como é óbvio, estar correcta – basta verificar-se que o próprio Estrabão já afirmara (3. 4. 1) que a distância entre o Ibero e os Pirenéus era apenas de 1600 estádios. Vários editores e tradutores têm proposto soluções distintas; acolhe-se no texto a da edição que serve de referência e que parece particularmente equilibrada (cf. Jones 1960: 93 e, igualmente, Meana y Piñero 1992: 98). Encontram-se, no entanto, versões que apontam 40 estádios (cf. Lasserre 1966: 67; Trotta 2008: 161; Gómez Espelosín 2012: 241).

[273] Cf. 4. 1. 4-5.

[274] Actualmente, El Riuet, na província de Gerona, mesmo junto à fronteira com França.

[275] Estrabão continua, aqui, a falar dos Indicetas, o povo indígena que vivia junto de Empório, partilhando as fortificações da cidade, como se viu no final do capítulo anterior. Não é, por isso, estranha esta continuidade.

[276] Para Estrabão, a Ibéria exterior seria aquela que se encontrava mais afastada de Roma, cidade que funciona como referência. Note-se, no entanto, a interpretação distinta que Gómez Espelosín et al. 2012: 242, n. 56 fazem deste passo.

Este caminho tanto segue umas vezes próximo do mar, como, outras vezes, se mantém afastado, especialmente nas partes que ficam mais a ocidente. Vai até Tarraco*, partindo dos Troféus de Pompeio* e passando pela Planície Juncária*, por ꝉBeterra*ꝉ, e pelo lugar a que chamam, em língua latina, Planície do Funcho*, pois aí nasce muito funcho. De Tarraco* segue até à passagem do Ibero*, na cidade de Dertosa*; aí, depois de prosseguir através de Sagunto* e da cidade de Setábio*, afasta-se um pouco do mar e junta-se à planície chamada Espartaria*, o mesmo que Juncal*. Esta é vasta e sem água e produz um esparto de onde se retiram cordas de junco para serem trabalhadas, produto que tem saída para todos os lugares, principalmente para Itália. Antigamente, de facto, acontecia que o caminho passava através desta planície e de Egelasta*, e era um caminho longo e duro; actualmente, fizeram-no na região junto ao mar, tocando apenas um pouco no Juncal*. Mas vai ter directamente ao mesmo lugar do anterior, às regiões à volta de Castulo* e de Obulco*, através das quais passa o caminho em direcção a Córdoba* e a Gades*, os maiores entrepostos comerciais. Obulco* fica a cerca de trezentos estádios de Córdoba*[277]. Afirmam os historiadores que César veio de Roma* até Obulco*, e ao acampamento aí situado, em vinte e sete dias, na ocasião em que se preparava para lançar a guerra na região à volta de Munda*[278].

10.
Toda a costa, desde as Colunas* até à fronteira entre os Iberos* e os Celtas*, é assim. Por seu lado, a região que se estende para o interior – estou a falar daquela que fica entre os montes Pirenéus* e a vertente norte que vai até às Astúrias* – está sobretudo delimitada por duas montanhas. Destas, uma é paralela aos Pirenéus*; tem o seu início junto dos Cântabros* e termina no Nosso Mar*. Chamam-lhe Idúbeda*. A outra estende-se a partir da zona central em direcção a poente, desviando-se depois para sul, na direcção da costa que vem das Colunas*. Na parte inicial, é pouco elevada e despida de vegetação; atravessa depois a chamada planície da Espartaria* e, mais adiante, une-se ao bosque que se estende para o interior de Nova Cartago* e das regiões à volta de Málaga*. Chamam-lhe Oróspeda*.
Entre os Pirenéus* e a Idúbeda* corre o rio Ibero*, paralelo a ambas as cadeias montanhosas e vendo o seu caudal aumentado pelos rios que descem a partir delas e por outros cursos de água. Junto do Ibero* fica a cidade

---

[277] 55,5 km. Este caminho deveria ser a chamada Via de Héracles, que remontaria a finais do século II a.C. Foi reparado e redesenhado no tempo de Augusto e passou a ser chamado Via Augusta.
[278] Em 45 a.C. Quando se refere a 'historiadores', Estrabão deverá ter como referência Asínio Polião (76 a.C. – 4 d.C.), cujas *Historiae* trataram o período entre 60 e 42 a.C (cf. Lasserre 1966: 69 n. 1 e Trotta 2008: 165, n. 278).

chamada *Caesaraugusta** e uma colónia, Celsa*, que tem uma ponte de pedra que atravessa o rio. A região é habitada ao mesmo tempo por numerosos povos, mas os mais conhecidos são os designados por Iacetanos*. Este povo, tendo a sua origem na zona próxima do sopé dos Pirenéus*, espalha-se pela planície e chega às terras em volta de Ilerda* e Osca*, território dos Ilergetas*, não muito longe do Ibero*. Nestas cidades travou Sertório os seus últimos combates - e também em Calagurris*, cidade dos Vascos*, e na costa, em Tarraco* e em Hemeroscópio* -, depois da sua expulsão da terra dos Celtiberos*. Veio depois a conhecer o seu fim em Osca*. Também[279] em Ilerda*, mais tarde, Afrânio e Petreio, generais de Pompeio, foram derrotados pelo divino César[280]. Quando se vai para oeste, Ilerda* dista do Ebro* cento e sessenta estádios[281], de Tarraco*, em direcção ao sul, cerca de quatrocentos e sessenta[282], e de Osca*, para norte, quinhentos e quarenta[283]. Através destas montanhas[284] existe um caminho, a partir de Tarraco*, até aos mais remotos dos Vascos*, junto do Oceano*, os de Pompelona* e da cidade de Oidasuna*, à beira do próprio Oceano*, caminho com dois mil e quatrocentos estádios[285], que vai mesmo até à fronteira entre a Aquitânia* e a Ibéria*. Os Iacetanos* estão nos territórios onde em tempos Sertório combateu contra Pompeio e, mais tarde, o filho de Pompeio, Sexto, lutou contra os generais de César. No interior da Iacetânia*, para norte, encontra-se o povo dos Vascos*, em cujo território fica a cidade de Pompelona*, que é como quem diz, a cidade de Pompeio.

11.
A vertente ibérica dos Pirenéus* é abundante em árvores de todas as espécies e de folha perene, enquanto a vertente céltica é despida. No meio existem vales onde é possível viver muito bem. Habitam esses vales, sobretudo, os Cerretanos*, uma tribo ibérica, que prepara excelentes presuntos, que não ficam atrás dos †cantáricos†[286] e proporcionam um rendimento nada pequeno a estes homens.

---

[279] Radt assinala, neste ponto, uma lacuna no texto. Segue-se, aqui, a lição de Jones (1960: 98).
[280] Em 49 a. C. Os dois generais comandavam, na Hispânia, legiões fiéis a Pompeio, durante o conflito entre este e Júlio César.
[281] 29,6 km.
[282] 85,1 km.
[283] 99,9 km.
[284] Texto duvidoso. Outros editores optam por 'regiões' ou 'lugares'.
[285] 444 km.
[286] Radt mantém, no seu texto, a forma *kantharikais*, presente nos manuscritos. Jones (1960: 100), seguindo uma proposta de Xylander, emenda para *kantabrikais*, o que pressuporia uma comparação com os presuntos produzidos na Cantábria. Outros editores preferem, no entanto, uma forma *kiburikais*, que também não está isenta de problemas, e que remeteria para a cidade de Cibira, na Ásia Menor, conhecida pelo seu comércio. Neste caso, tratar-se-ia de

12.
Do lado de lá da Idúbeda* está imediatamente a Celtibéria*, região vasta e irregular. A maior parte dela é rochosa e tem muitos rios. De facto, correm através das suas terras o Anas* e o Tejo* e uma série de outros rios, a maior parte dos quais vai desaguar no mar ocidental, tendo a sua nascente na <Celt>ibéria*[287]. De entre estes, o Douro* passa por Numância* e Sergúncia*, enquanto o Bétis*, que tem a sua nascente na Oróspeda*, corre através da Oretânia* até à Bética*. Nas regiões mais a norte da Celtibéria* vivem os Berões*, vizinhos dos cantábricos Coniscos*, também eles com origem numa migração celta. A estes pertence a cidade de Varia*, situada na passagem do Ibero*. São também vizinhos dos Bardietas*, aos quais agora chamam Bardulos*. Do lado ocidental ficam alguns dos Asturianos*, dos Galaicos* e dos Vaceios*, e ainda os Vetónios* e os Carpetanos*, a sul os Oretanos* e todos os outros que vivem na Oróspeda*, Bastetanos* e Edetanos*. Para nascente fica a Idúbeda*.

13.
Estando os Celtiberos* divididos em quatro partes, os mais poderosos estão situados principalmente a oriente e a sul, os Arvaques*, que confinam com os Carpetanos* e com as nascentes do Tejo*. A sua cidade de maior nomeada é Numância*. Mostraram o seu valor na guerra celtibérica, contra os Romanos*, que durou vinte anos[288]. De facto, muitos exércitos, com os seus comandantes, foram destruídos e, no final, os Numantinos*, cercados, resistiram até ao limite das suas forças, com excepção de uns poucos, que entregaram a muralha. Na parte oriental estão também os Lusões*, que, também eles, vivem junto das nascentes do Tejo*. Aos Arvaques* pertencem também as cidades de Segeda* e Palância*. Numância* dista de *Caesaraugusta** - que dissemos situar-se junto ao Ibero* - uns oitocentos [...] estádios[289]. Pertencem também aos Celtiberos* as cidades de Segóbriga* e de Bílbilis*, em redor das quais combateram Metelo[290] e Sertório. Políbio, quando se

---

uma comparação com uma realidade que Estrabão conhecia bem, hipótese que merece alguma consideração. Além disso, Ateneu (14. 75) refere este passo de Estrabão, indicando a cidade da Ásia, mas, ao mesmo tempo, cita o texto do geógrafo de forma claramente incorrecta, o que adensa as dificuldades, em lugar de as resolver.

[287] A maior parte dos editores emenda, neste ponto, o texto grego, que apresenta apenas 'Ibéria'.

[288] 153-133 a.C. Este conflito teve início com a decisão de Segeda de ampliar as suas muralhas, o que foi interpretado como uma quebra do pacto de pacificação celebrado por T. Semprónio Graco, em 179 a.C. Terminou com a queda de Numância às mãos de Cipião Emiliano, particularmente violenta, como o próprio Estrabão nota nas linhas seguintes.

[289] 148 km. Radt entende que há, neste ponto, corrupção no texto, problema que as emendas sugeridas por outros editores não parecem resolver satisfatoriamente.

[290] Quinto Cecílio Metelo Pio, cônsul, com Sula, em 80 a.C., foi posteriormente enviado para a Ibéria, como procônsul. Combateu, em várias regiões, as forças de Sertório, primeiro

demora na descrição dos povos e das regiões dos Vaceios* e dos Celtiberos*, junta ainda às outras as cidades de Segesama* e Intercracia*. Pelo seu lado, Posidónio afirma que Marco Marcelo[291] recolheu na Celtibéria* um tributo de seiscentos talentos, o que leva a concluir que os Celtiberos* eram muitos e bem fornecidos de riquezas, embora habitassem uma região bastante pobre. Mas quando Políbio diz que Tibério Graco[292] destruiu trezentas das cidades deles, Posidónio, brincando com isso, afirma que o homem queria era cair nas boas graças de Graco, ao chamar cidades às torres de defesa, tal como acontecia nos cortejos triunfais. E talvez isto que ele diz não seja assim tão incrível: de facto, tanto os generais como os historiadores se deixam levar facilmente por este tipo de mentira, embelezando as acções, e, também por isso, aqueles que afirmam que as cidades dos Iberos* são mais de mil parecem--me chegar a um tal número porque chamam cidades às aldeias grandes. Ora nem a natureza da região tem capacidade para muitas cidades, por causa da pobreza, ou então por causa do isolamento e da rudeza do terreno, nem a vida ou as acções dos seus habitantes (fora os que moram junto da costa do Nosso Mar*) apontam para algo desse género: os que vivem nas aldeias são selvagens, e esses constituem a maioria dos Iberos*; por outro lado, nem sequer as próprias cidades os tornam facilmente civilizados, quando o que predomina é viverem em florestas, causando dano aos que vivem perto.

14.

A seguir aos Celtiberos*, na direcção do sul, estão os Edetanos*, que habitam na montanha Oróspeda* e na região à volta de Sucro*, até Nova Cartago*, e também os Bastetanos* e os Oretanos*, mais ou menos até Málaga*.

15.

Os Iberos* representam, todos eles, por assim dizer, uma força leve de combate[293] e andam com armamento ligeiro, por causa da actividade como salteadores – o mesmo já dissemos quanto aos Lusitanos* – usando, para

---

sozinho, depois em conjugação com as tropas de Pompeio. Após a morte de Sertório, regressou a Roma, em 71 a.C., onde celebrou o seu triunfo.

[291] Pretor em 169 a.C., envolveu-se de novo em campanhas militares na Ibéria em 152 a.C., já como cônsul. Após um breve período de pacificação, sustentou um novo período de combates contra os Celtiberos, na região de Numância, obrigando-os a novas condições de paz que respeitavam o pacto estabelecido por Tibério Graco (cf. nota seguinte). O tributo recolhido por Marco Marcelo equivaleria a mais de dezasseis toneladas e meia de prata.

[292] Governador da Hispânia citerior em 180 a.C., levou a efeito, a partir de 179, um conjunto de campanhas militares, especialmente contra os povos da Celtibéria, que conduziram ao estabelecimento de pacto de paz bastante duradouro, no qual o poder de Roma era reconhecido.

[293] O termo grego *peltastes*, usado aqui por Estrabão, indica um soldado de infantaria, que apenas leva consigo armamento muito ligeiro. O nome tem origem em *pelte*, o pequeno escudo que estes soldados transportavam.

atacar, a lança, a funda e o punhal. Às forças de infantaria mistura-se também a cavalaria, já que os cavalos são ensinados a percorrer as montanhas e a deitar-se imediatamente ao som de uma ordem, quando isso é necessário. Crescem na Ibéria* muitas corças e cavalos selvagens. Em vários lugares também os lagos são muito abundantes <em peixe>[294]; há também aves, cisnes e outras semelhantes, mas também muitas abetardas. Nos rios encontram-se castores, mas este castóreo[295] não tem as mesmas propriedades que o do Ponto*: é próprio do do Ponto* ser usado com fins medicinais, tal como acontece com muitas outras coisas. Por isso, Posidónio afirma que também o cobre do Chipre* é o único que produz calamina, calcantite[296] e óxido de cobre. Além disso, Posidónio afirma que é próprio da Ibéria*, por um lado, os corvos serem negros[297] e, por outro, os cavalos dos Celtiberos*, que são malhados, ao serem levados para a Ibéria* exterior, mudarem de cor (são parecidos com os dos Partos*, pois são rápidos e melhores do que os outros na corrida).

16.
Há também um grande número de raízes que são úteis para tingir. Além disso, no que respeita à oliveira, à vinha, à figueira ou a outras culturas semelhantes a costa ibérica do nosso mar é abundante em tudo, e também uma boa parte <do interior>. Pelo contrário, a região mais distante, junto ao Oceano*, virada a norte, não beneficia de tais produtos, por causa do frio, mas acontece o mesmo na maior parte do restante território, por causa da falta de empenho dos habitantes e porque não têm uma vida ordenada, mas acima de tudo sujeita à necessidade e aos instintos animalescos, com costumes de natureza inferior. A não ser que se tome como exemplo de vida ordenada lavarem-se com urina envelhecida em cisternas e limparem assim os dentes (tanto os homens como as mulheres deles), como dizem acerca dos Cântabros* e dos seus vizinhos. Tanto isto como o dormir no chão é comum aos Iberos* e aos Celtas*. Alguns dizem que os Galaicos* não têm deuses e

---

[294] Radt supõe aqui uma lacuna, que completa acrescentando '... em peixe'. Outros editores ligam o verbo à palavra seguinte e traduzem por 'abundantes em aves' (cf. Lassere 1966: 74; Meana y Piñero 1992: 107; Trotta 2008: 177). Jones (1960: 106-7) mantém o texto inalterado, ligando a abundância referida no texto à fauna que Estrabão menciona imediatamente a seguir.

[295] Substância produzida por glândulas abdominais do castor, que pode ser usada com fins medicinais e, hoje em dia, também nas indústrias alimentar e de perfumaria.

[296] Calamina é óxido de zinco. Misturada com cobre, servia para produzir latão, material mais raro e nobre na época do que nos nossos dias. Calcantite é uma espécie de sulfato de cobre, penta-hidratado, também conhecido como vitríolo azul ou pedra-azul.

[297] Algumas edições modernas acrescentam *me* ('não'), o que significa, naturalmente, o oposto, ou seja, que é próprio da Ibéria os corvos não serem negros. Meana y Piñero (1992: 107, n.260) sustentam que existe na Ibéria uma espécie de corvo de cor cinzenta. Adoptam também a tradução pela negativa Lasserre 1966: 74, Trotta 2008: 177. Optou-se por manter versão do texto de Radt, que era também já a escolhida por Jones (1960:109).

que os Celtiberos* e os seus vizinhos a norte <fazem sacrifícios> a um deus sem nome[298], na lua cheia, à noite, diante das portas[299], e todos os membros da família dançam e ficam de vigília toda a noite. Os Vetónios*, por seu lado, quando pela primeira vez chegaram a um acampamento romano, ao verem alguns dos comandantes a andarem para cá e para lá nos caminhos, simplesmente em passeio, tomaram-nos por loucos e conduziram-nos para as tendas, como se não houvesse outra hipótese senão permanecerem imóveis, em repouso, ou então combaterem.

17.

Poder-se-iam também considerar como imagem de comportamento bárbaro os enfeites de algumas mulheres tal como os apresentou Artemidoro. De facto, ele afirma que, em alguns lugares, elas costumam usar, em volta do pescoço, colares de ferro que têm ganchos dobrados em forma de bico de corvo sobre o alto da cabeça e caindo bastante para diante da cara. Assim, quando querem, penduram o véu a estes ganchos de bico de corvo, de tal modo que, depois de estendido, oferece sombra ao rosto – e chamam a isto um adorno. Noutros lugares as mulheres colocam à volta da cabeça um enfeite em forma de disco pequeno, que rodeia a nuca e cinge a cabeça até junto das orelhas, e, na parte de cima, inclinado para trás, diminuindo pouco a pouco de largura.[300] Outras, ainda, depilam de tal maneira a parte da frente da cabeça que esta brilha mais do que o rosto. Há também aquelas que colocam sobre a cabeça uma pequena coluna, mais ou menos de um pé de altura, entrançam o cabelo à volta dela e, em seguida, cobrem-na com um véu negro.

A juntar a coisas estranhas como estas, muitas outras foram vistas e contadas[301] a respeito de todos os povos ibéricos em geral, mas, acima de tudo, em relação aos povos do norte, não só aquilo que diz respeito à sua

---

[298] Estas referências à prática religiosa dos povos da Ibéria mostram uma dificuldade evidente em lidar com uma religiosidade que se afasta dos padrões mais próximos do autor. Claramente, estes povos – todos aqueles que, na Ibéria, não são abrangidos pela romanização - são encarados como Outro: aquele que não se compreende e de quem se desconfia.

[299] Alguns tradutores entendem estas 'portas' como as entradas das povoações. Jones (1960: 109) refere-se-lhes como as portas 'das suas casas'. O culto descrito, ainda que colectivo, apresenta, de acordo com o que o texto sugere, uma dimensão de natureza familiar, pelo que talvez esta hipótese faça mais sentido.

[300] O texto grego não prima pela clareza, mas este enfeite faz lembrar a chamada 'Dama de Elche', uma escultura datada do século IV a.C., encontrada nos finais do século XIX, em Elche, não longe de Alicante. Uma imagem desta figura pode facilmente ser encontrada na *internet* através de uma pesquisa simples em qualquer motor de busca.

[301] O uso do verbo *mytheo*, neste ponto, lança alguma dúvida sobre a completa veracidade dos pequenos episódios que vão ser apresentados em seguida. Possivelmente, para estes episódios, Estrabão terá recorrido ao testemunho oral de alguns dos participantes em campanhas militares na Ibéria, merecedores de um grau de confiança inferior em relação à tradição escrita.

coragem, mas também o que diz respeito à sua selvajaria e à sua ausência de senso próxima do comportamento animal. De facto, mães mataram os filhos antes de serem capturadas, na guerra da Cantábria*; um miúdo, estando os pais e os irmãos amarrados com cadeias, matou-os a todos, depois de se ter apoderado de uma arma, em obediência às ordens do pai, tal como uma mulher fez o mesmo àqueles que tinham sido aprisionados juntamente com ela. Também um outro, tendo sido chamado para junto de uns [soldados] completamente bêbedos, lançou-se ele próprio a uma fogueira. Todos estes comportamentos são comuns aos povos célticos e também aos Trácios* e aos Citas*, como também as histórias a propósito de coragem, tanto a dos homens como a das mulheres[302].

As mulheres, elas próprias, trabalham a terra e, tendo dado à luz, logo tratam de servir os seus homens, e põem-nos a repousar no leito, em vez delas[303]. Enquanto estão a trabalhar muitas vezes [...][304] elas próprias, lavam e envolvem a criança em faixas, debruçadas junto de um riacho qualquer. Na Ligústica*, diz Posidónio, um seu hóspede, Carmoleão, um homem massaliota, contou-lhe que tinha contratado um grupo de homens e mulheres para abrir uma fossa. Ora uma das mulheres, tendo sentido as dores do parto, afastou-se do trabalho, para um lugar próximo, e, depois de ter dado à luz, regressou imediatamente ao trabalho, de modo a não perder o salário. Ele próprio, vendo que ela estava a trabalhar em grande sofrimento, no início não sabia a causa. Quando a soube, bastante tempo depois, mandou-a embora e deu-lhe o salário. Então ela levou a criança até junto de uma fonte e, depois de a ter lavado e envolvido com aquilo que tinha consigo, transportou-a em segurança até casa.

18.

Não é apenas próprio dos Iberos* o montarem a cavalo dois a dois, mas, nas batalhas, um deles lutar a pé. Também não é exclusivo deles a existência de um grande número de ratazanas, situação à qual se seguiram, muitas vezes, epidemias. Aconteceu isso na Cantábria* aos Romanos* e de um modo tal que, mesmo com os caçadores de ratazanas a receberem um pagamento pu-

---

[302] Não deixa de ser algo paradoxal como estes relatos são vistos por Estrabão, ao mesmo tempo, como uma forma de coragem (*andreia*, que ocorre duas vezes neste passo) e de irracionalidade animal. Apesar de os entender como comportamentos bárbaros – e o recurso à comparação com Trácios e Citas, vindo de um Grego, é, a esse nível, de absoluta eloquência –, parece perpassar pelo texto um levíssimo perfume de admiração.

[303] Este costume, que está documentado em várias outras regiões da Europa, e não só, seria, entre outros valores simbólicos, uma forma de o pai aceitar e legitimar como sua a criança que acabara de nascer. Veja-se Gómez Espelosín et al. 2012: 266, n. 124.

[304] Radt sinaliza aqui uma lacuna, que não preenche. Outros editores têm sugerido hipóteses diversas, todas elas traduzíveis por 'dão à luz'.

blicamente anunciado numa tabela, foi a custo que ultrapassaram o problema em segurança. Juntava-se a isto também a falta de trigo e de outros alimentos. Além disso, o trigo que vinha da Aquitânia* chegava com dificuldade, por causa do terreno difícil. Sobre a ausência de senso dos Cântabros* conta-se também o seguinte, que alguns deles, ao serem capturados, entoavam cantos de vitória[305] enquanto eram crucificados.

Coisas como estas certamente poderiam ser exemplo de uma certa selvajaria de costumes. Outras, no entanto, ainda que igualmente menos civilizadas, não são exemplo de um comportamento próprio de um animal selvagem. É o caso de, entre os Cântabros*, os homens darem um dote às mulheres, as filhas ficarem com o estatuto de herdeiras, os irmãos serem entregues por elas às noivas em casamento. Existe, de facto, uma certa forma de poder feminino[306]. E isso não é propriamente civilizado. Também faz parte dos costumes ibéricos trazerem consigo um veneno, que obtêm de uma planta semelhante ao aipo e que não causa sofrimento, para o terem à disposição quando se vêem diante de circunstâncias indesejadas, e igualmente o facto de se devotarem de tal modo àqueles aos quais se ligaram que são capazes de morrer por causa deles[307].

19.

É certo que alguns afirmam estar este território dividido em quatro partes, como já dissemos, enquanto outros falam em cinco. Não é possível, neste assunto, mostrar uma grande precisão, por causa das mudanças [havidas] e da falta de renome destes lugares. De facto, é nos territórios bem conhecidos e bem reputados que se conhecem as migrações, tal como as divisões do território, as mudanças dos nomes e qualquer outra coisa semelhante que exista. São assuntos que estão sempre a ser repetidos por muitos, principalmente Gregos*, que se tornaram, de todos, os que mais falam sobre estas coisas. Mas, no que respeita a territórios bárbaros, afastados, pequenos e dispersos, as referências existentes não são seguras nem abundantes – e quanto mais distantes estão dos Gregos* mais aumenta o desconhecimento. Pelo seu lado, os historiadores romanos imitam os gregos, mas não vão muito mais longe. De facto, aquilo que dizem, traduzem-no dos Gregos* e não mostram muita vontade de saber. Assim, sempre que no trabalho daqueles há um vazio de informação,

---

[305] Estrabão usa o verbo *paianizo*, ou seja, 'entoar um péan', aqui entendido como um canto de celebração de natureza militar.

[306] O termo usado por Estrabão é *gynaikokratia*, que pode também ser associado à noção de matriarcado, que muitos defendem ter vigorado em diversas sociedades primitivas. Para o mundo grego, tal conceito era entendido como uma aberração.

[307] Este costume, também designado como *deuotio*, está igualmente atestado entre os Gauleses e os Germânicos.

não é muito o que é completado por estes, pelo menos no que respeita aos nomes, já que, quanto aos mais conhecidos, são, na grande maioria, nomes gregos. Assim, foi dado o nome de Ibéria*, por parte dos autores antigos, a todo o território para lá do Ródano* e do istmo delimitado pelos golfos Galácticos*, mas os autores de agora colocam-lhe como limite os Pirenéus* e dizem que são sinónimas as próprias designações Ibéria* e Hispânia*; [...] apenas designavam assim a região para lá³⁰⁸ do Ibero*. Outros, ainda antes, chamavam a estes mesmos povos, que não se distribuíam por um território muito grande, Igletas*, como afirma Asclepíades de Mirleia. Os Romanos*, por seu lado, chamaram a esta região, indiferentemente, Ibéria* ou Hispânia*; a uma parte deram-lhe o nome de ulterior, à outra de citerior. Mas vão fazendo estas divisões ora de uma maneira ora de outra, pois adaptam a sua governação às circunstâncias.

20.
Actualmente, algumas das regiões foram declaradas como pertencentes ao povo e ao senado, enquanto outras pertencem ao imperador dos Romanos*. Assim, a Bética* pertence ao povo e é enviado para lá um pretor, que traz consigo um questor e um legado. A sua fronteira, para oriente, situa-se nas proximidades de Castulo*. O território restante pertence a César. São enviados, em seu nome, dois legados, um com funções pretorianas, o outro com funções consulares. O pretoriano tem consigo um outro legado, para aplicar a justiça aos Lusitanos*, que fazem fronteira com a Bética* e se estendem até ao rio Douro* e à sua foz (de facto, é assim que chamam, no momento presente, especificamente a este território; aí se encontra também *Augusta Emerita**). O que sobra, que é a maior parte da Ibéria*, está sob o domínio do governador consular, que tem consigo um exército importante, com três legiões e três legados. Destes, um deles, tendo consigo duas legiões, protege todo o território para lá do Douro*, a norte, cujo povo alguns antigamente designavam como Lusitanos*, mas a que agora chamam Galaicos*. Confinam com esta as regiões setentrionais, com os Ástures* e os Cântabros*. Através das Astúrias* corre o rio Melso*. A pouca distância fica a cidade de Noiga* e, perto dali, um braço do oceano que entra em terra estabelece a divisão entre Astúrias* e Cantábria*. Na região que vem a seguir, ao longo das montanhas até aos Pirenéus*, está o segundo dos legados com a legião restante. Quanto ao terceiro, toma conta da região do interior e dirige os assuntos

---

³⁰⁸ Radt propõe que se substitua o *entos* ('para cá') dos manuscritos por *ektos* ('para lá'), o que altera completamente o sentido do que é dito. O texto tem, além disso, uma lacuna no início da frase, que tem sido diversamente suprida: alguns julgam que o passo se refere à designação Hispânia, enquanto outros defendem que diz respeito a Ibéria. Tanto Jones (1960: 118) como Lasserre (1966: 79) mantêm a forma *entos*.

dos chamados <togados>, que o mesmo é chamar-lhes 'pacíficos', eles que se transformaram em pessoas moderadas e civilizadas, à maneira itálica, vestidos com as suas togas. Estes são os Celtiberos* e aqueles que vivem perto do Ibero*, numa e noutra margem, até chegar às regiões junto do mar. O próprio governador passa o inverno nas regiões costeiras, principalmente em Nova Cartago* e em Tarraco*, tratando de administrar a justiça. No verão, pelo contrário, viaja, supervisionando de forma constante quaisquer dos assuntos que necessitem de correcção. Existem também os procuradores de César, da classe dos cavaleiros, que distribuem aos soldados os bens necessários para estes manterem a sua vida.

CAPÍTULO 5
AS ILHAS

1.

Das ilhas situadas diante da Ibéria*, as duas Pitiusas* e as duas Gimnésias* (também lhes chamam Baleares*) ficam situadas diante da costa, entre Tarraco* e Sucro*, onde se ergue Sagunto*.

Ficam no alto mar, principalmente as Pitiusas*, que se encontram mais para oeste em relação às Gimnésias*[309]. Uma delas chama-se Ebuso* e tem uma cidade com o mesmo nome. O perímetro da ilha é de quatrocentos estádios[310] e são quase iguais o comprimento e a largura. A segunda, Ofiusa*, está deserta, é muito mais pequena e situa-se perto da primeira.

A maior ilha das Gimnésias* tem duas cidades, Palma* e Polência*, uma situada a este, Polência*, a outra a oeste. O comprimento da ilha atinge quase os seiscentos estádios, a largura duzentos[311]. Artemidoro, no entanto, afirmou que tanto o comprimento como a largura eram o dobro. A ilha mais pequena dista à volta de ⌊setenta⌋ estádios[312] de Polência*. É certo que, em termos de extensão, se afasta muito da maior, mas em termos de qualidade em nada é inferior a ela. Ambas são prósperas e dotadas de bons portos, ainda que estes tenham muitos recifes à entrada, o que exige muita atenção a quem navega para lá.

Por causa das qualidades destes lugares, também os habitantes são pacíficos, e isso acontece igualmente aos que vivem em Ebuso*. Mas quando alguns, poucos, malfeitores se aliaram aos piratas do mar e actuaram em conjunto com eles, isso causou o descrédito de todos e levou Metelo[313], conhecido publicamente como 'o Baleárico', a fazer a travessia e a lançar-se

---

[309] A afirmação, claramente errada, de que as Pitiusas estão mais distantes da costa do que as Gimnésias pode compreender-se pensando que a perspectiva de Estrabão é, como lhe chamam alguns autores, 'hodológica', ou seja, baseada numa visão bidimensional, que privilegia como referência as rotas marítimas, ou seja, os caminhos, para atingir os diversos lugares. Assim, a rota principal para estas ilhas toma como base Tarraco (Tarragona) e, a partir deste ponto de vista distorcido, as Gimnésias aparecem como mais próximas, já que a rota para lá é mais curta e mais directa. Cf., sobre este tema, González Ponce 1990.

[310] 74 km.

[311] Respectivamente, 111 e 37 km.

[312] A maioria dos editores (mas não Radt) corrige o texto para *diakosious hebdomekonta* ('duzentos e setenta'), já que no texto dos manuscritos apenas se encontra 'setenta'. É relevante, para esta correcção, a indicação dada por Plínio *H. N.* 3. 11, onde se fala de uma distância de trinta milhas romanas.

[313] Quinto Cecílio Metelo, o Baleárico, cônsul que, em 123 a.C., tomou em mãos a tarefa de conquistar as Baleares, tanto devido à ameaça dos piratas, referida por Estrabão, como pela situação estratégica destas ilhas. A tarefa não parece ter sido particularmente difícil. É atribuída a Metelo, também pelo geógrafo, a fundação das cidades de Palma e Polência.

contra eles – ele que também fundou as cidades. Já que, por causa dessas qualidades, eram alvos de ataques, os habitantes das ilhas, embora pacíficos, eram considerados os melhores no manejo da funda. E dedicaram-se a essa prática, segundo se diz, acima de tudo desde o momento em que os Fenícios* ocuparam as ilhas. Dizem também que estes foram os primeiros a vestir os seus homens com túnicas com uma larga faixa[314]. Saíam para o combate sem armadura, tendo apenas um escudo de pele de cabra à volta da mão e[315] uma lança, depois de endurecida pelo fogo (mais raramente equipada com uma pequena ponta de ferro), mas com três fundas à volta da cabeça, feitas, uma delas, de junco de pontas negras (uma espécie de junco, que se entrança em forma de corda, tal como diz Filetas[316] na sua *Hermeneia*, "desgraçada túnica coberta de pó; à volta da estreita cintura, rodeia-a uma tira de pontas negras", como se tivesse sido cingida por junco)[317], outra de crina, outra de tendões. Havia a longa, para os lançamentos longos, a curta para os lançamentos curtos, a média para os médios. Exercitavam-se com as fundas desde crianças e de tal forma o faziam que de modo algum davam pão às crianças a não ser que elas o conseguissem com a funda. Por essa mesma razão, Metelo, quando se aproximava das ilhas por mar, estendia peles sobre o pavimento dos barcos, para os proteger das fundas. Além disso, introduziu nas ilhas, como colonos, três mil Romanos* procedentes da Ibéria*.

2.

À fertilidade da terra junta-se o não se encontrar aí com facilidade qualquer animal daninho. De facto nem sequer os coelhos, segundo dizem, são originários de lá, já que um macho e uma fêmea, trazidos por alguém do continente ali ao lado, geraram aquela prole – e ela foi, desde o princípio, de tal modo numerosa que, com as tocas construídas por debaixo delas, deitava ao chão casas e árvores, e as pessoas foram forçadas a recorrer aos Romanos*, como já disse[318]. Agora, no entanto, a facilidade da caça permite controlar os danos e os proprietários podem aproveitar a fertilidade da terra de forma lucrativa.

---

[314] O *chiton platysemos* será equivalente à *tunica laticlauia*, na designação latina.

[315] Alguns editores, incluindo Radt, emendam para *kai* ('e') a forma ê ('ou') dos manuscritos, o que confere mais sentido ao texto.

[316] Filetas de Cós, poeta helenístico que viveu nos tempos de Alexandre e se tornou tutor de Ptolemeu Filadelfo. Compôs várias obras, tanto em poesia como em prosa, das quais quase nada resta. Muito célebre no seu tempo, terá constituído uma grande influência para a obra de Calímaco.

[317] Alguns editores consideram que este trecho, aqui traduzido entre parêntesis, proviria de uma anotação à margem, provavelmente um escólio, e procedem à sua eliminação. É o que faz, por exemplo, Lasserre 1966: 83.

[318] Cf. 3. 2. 6.

Ora, então, estas são as ilhas situadas para cá das chamadas Colunas* de Héracles.

3.

Junto das Colunas* ficam duas pequenas ilhas e, a uma delas, dão-lhe o nome de ilha de Hera*. Há ainda alguns que também lhes chamam Colunas*.

Para lá das Colunas* fica Gades*, lugar acerca do qual apenas dissemos até agora uma única coisa, que dista de Calpe* à volta de setecentos e cinquenta estádios[319] e que se ergue nas proximidades da foz do Bétis*. Mas existe mais o que contar acerca deste lugar. De facto, estes são os homens que enviam os maiores navios mercantes, e em maior número, tanto para o Nosso Mar* como para o Mar Exterior*, mesmo que não habitem numa grande ilha, nem possuam muito do território em frente, nem possuam outras ilhas, já que na sua maior parte, vivem no mar, e apenas uns poucos permanecem em casa ou passam o tempo em Roma*. No que respeita ao número [de habitantes], ao que parece, não fica atrás de qualquer outra cidade, com excepção de Roma*. Pelo menos, eu ouvi que num dos recenseamentos, realizados no nosso tempo, se contaram quinhentos Gaditanos* na ordem equestre[320], número que não existe em qualquer das outras cidades de Itália*, excepto Patávio*. E apesar de serem tantos, não possuem uma ilha muito maior do que cem estádios[321], no comprimento, e, em alguns lugares, de apenas um estádio de largura. A princípio, habitavam uma cidade mesmo muito pequena, mas depois Balbo Gaditano[322], aquele que foi honrado com um triunfo, fundou para eles, junto da anterior, uma outra, à qual chamam Cidade Nova*, e ao conjunto de ambas dão o nome de Dídime*, a qual, mesmo não tendo mais do que vinte estádios[323] de perímetro, nem por isso está demasiado povoada: de facto, são poucos os que lá vivem, pois a maior parte encontra-se no mar e outros habitam quer o território na costa vizinha, quer, principalmente, uma pequena ilha que fica em frente, na qual fizeram uma cidade rival de Dídime*, tão encantados estavam com o lugar, pelas suas qualidades naturais. Ainda assim são poucos, em comparação, os que vivem tanto nesta cidade como no

---

[319] 139,2 km.

[320] Há quem defenda que este número é francamente exagerado (cf. Meana y Piñero 1992: 119, n. 296).

[321] 18,5 km.

[322] Lúcio Cornélio Balbo, o 'Balbus minor', nas palavras de Cícero, era sobrinho do seu homónimo que o orador defendeu no Pro Balbo. Recebeu, tal como o seu tio, a cidadania romana e foi proquestor na Ibéria, sob o comando de Asínio Polião. Fundou a Cidade Nova e construiu um novo porto em Gades, cidade de onde a sua família era originária. Destacou-se nas suas campanhas em África e teve direito a uma procissão triunfal, em 19 a.C., honra única para alguém que não havia nascido cidadão romano.

[323] 3,7 km.

porto que Balbo lhes construiu na região do continente que se encontra em frente. A cidade fica na parte ocidental da ilha e junto dela, na extremidade, está o templo de Crono, perto da ilha pequena. O Heracleu*, por sua parte, está situado no outro lado, o que fica a oriente, no lugar onde a ilha mais se aproxima do continente, deixando apenas um estreito de mais ou menos um estádio. Afirmam que o templo dista doze milhas[324] da cidade, equivalendo o número de trabalhos e o de milhas. No entanto a distância é maior e quase tão grande como o comprimento da ilha – o comprimento da ilha é medido desde o poente até ao nascente.

4.

Ferécides[325] parece chamar a Gades* Eriteia*, lugar no qual se situam as histórias sobre Gérion[326]. Outros, no entanto, referem-se à ilha que fica paralela a esta cidade (separada por um estreito com um estádio), ao verem a abundância de pastos. É que o leite do gado que aí pasta não produz soro; fabricam o queijo misturando o leite com muita água, por causa da gordura. Além disso, em trinta dias[327] os animais sufocam, a não ser que alguém lhes abra uma veia para os sangrar (a erva que pastam é seca, mas engorda imenso). Julgou-se que, a partir de tudo isto, se teria formado o mito acerca das vacas de Gérion. […] Além disso, todo o litoral é formado por povoações mistas.[328]

5.

De entre o conjunto de relatos acerca da fundação de Gades*, os Gaditanos* recordam um certo oráculo que, segundo dizem, surgiu entre os Tírios* e lhes ordenava que enviassem uma colónia para as Colunas* de Héracles. Aqueles que foram enviados para fazer o reconhecimento, quando lhes apareceu o estreito de Calpe*, acreditando que os promontórios que desenhavam o estreito eram os limites do mundo habitado e da expedição de Héracles, e que estas eram as colunas designadas pelo oráculo, detiveram-se num lugar para cá do estreito, no qual agora se encontra a cidade dos Exitanos*. Ofereceram aí um sacrifício e, como as vítimas não se revelaram favoráveis, voltaram para trás. Mas os homens que foram enviados algum tempo depois avançaram para lá

---

[324] 17,76 km.

[325] Ferécides de Atenas, escritor que viveu no século V a.C., compôs tratados sobre a tradição épica, em especial genealogias das figuras intervenientes nas várias narrativas míticas, textos que se perderam. Existe, por vezes, alguma confusão entre esta figura e outro Ferécides, natural de Siro, um filósofo pré-socrático que viveu no século imediatamente anterior.

[326] Cf. 3. 2. 11.

[327] Alguns manuscritos apresentam 'cinquenta' em vez de 'trinta'. É essa a opção de Jones (1960: 132), ao contrário de Lasserre e de Radt.

[328] A maior parte dos editores supõe uma lacuna antes desta frase, que se liga com evidente dificuldade ao texto que a antecede.

deste estreito cerca de mil e quinhentos estádios[329], até a uma ilha consagrada a Héracles que fica junto da cidade de Ónoba*, na Ibéria*, e, acreditando que aí ficavam as Colunas*, realizaram um sacrifício ao deus. Como as vítimas não se revelaram, de novo, favoráveis, regressaram a casa. Os que chegaram na terceira missão fundaram Gades* e ergueram o templo na parte oriental da ilha, enquanto a cidade ficava na parte ocidental. Por causa disto, parece a uns que os promontórios do estreito são as Colunas*, a outros que é Gades*, a outros ainda que elas ficam mais para diante, para lá de Gades*.

Alguns entenderam que as Colunas* eram Calpe* e Abilix*, a montanha situada em frente, na Líbia*, que, segundo afirma Eratóstenes, se ergue em território dos Metagónios*, um povo nómada; outros, por seu lado, [apontam] as duas pequenas ilhas, perto das duas montanhas, uma das quais é chamada ilha de Hera*. Quanto a Artemidoro, fala da ilha de Hera* e do seu santuário, afirma que existe outra [ilha], mas não <fala> do monte Abilix* nem do povo Metagónio*. Por outro lado, também alguns transportam para aqui as Planctas* e as Simplégades*, admitindo que estas são as Colunas* (aquelas a que Píndaro chama 'Portas de Gades', asseverando que estas foram as regiões mais distantes a que Héracles chegou). Também Dicearco, Eratóstenes, Políbio e a maior parte dos Gregos* apresentam as Colunas* perto do estreito. Por seu lado, os Iberos* e os Líbios* afirmam que elas se situam em Gades*, visto que a região perto do estreito em nada se parece com umas colunas. Para outros, as de bronze, de oito côvados[330], que estão no Heracleu* em Gades*, nas quais ficaram escritos os gastos na construção do santuário – essas, segundo afirmam, é que são assim chamadas. Aqueles que chegavam junto delas, depois de terminarem uma viagem por mar, e faziam um sacrifício a Héracles, preparavam tudo para que se espalhasse a ideia de que aquele era o limite extremo da terra e do mar. Também Posidónio defende ser esta a versão mais plausível, mas acha o oráculo, e as várias expedições, uma invenção dos Fenícios*.

Ora, quanto às expedições, o que pode alguém dizer com segurança, como refutação ou como prova, se nenhuma das hipóteses é contrária à razão? Por outro lado, asseverar que nem as ilhas nem as montanhas se parecem com colunas e procurar junto de coisas a que realmente se possa chamar colunas tanto os limites do mundo habitado como os da expedição de Héracles, isso já tem algum sentido. De facto, existia o costume antigo de estabelecer tais limites: os habitantes de Régio*colocaram a pequena coluna que se situa sobre o estreito, uma espécie de torrezinha, e a chamada torre de Peloro* fica situada em frente desta pequena coluna. Também os chamados altares dos

---

[329] 277,5 km.
[330] 3,70 m.

Filenos* se encontram no meio do território entre as Sirtes*. E sobre o istmo de Corinto* há memória de uma certa coluna que se erguia antigamente, levantada em conjunto pelos Iónios*, que ocupavam a Ática* e a região de Mégara* depois de terem sido expulsos do Peloponeso*, e por aqueles que ocupavam o Peloponeso*. Inscreveram na parte da coluna virada para Mégara*:

> Isto não é o Peloponeso, mas a Iónia.

E do outro lado:

> Isto é o Peloponeso, não a Iónia.

Também Alexandre, como marca dos limites da sua expedição à Índia*, colocou altares nos lugares mais remotos a que chegou, para oriente, nas terras dos Indos*, imitando assim Héracles e Dioniso. Ou seja, existia, de facto, este costume.

6.

Ainda assim, também é razoável que os lugares acabem por tomar a mesma designação, principalmente quando o tempo tiver já destruído as marcas de fronteira aí colocadas. De facto, actualmente os altares dos Filenos* já não existem, mas o lugar acabou por tomar para si a mesma designação. Afirmam também que na Índia* já não se vêem as colunas aí colocadas tanto por Héracles como por Dioniso. Como alguns lugares eram, de facto, assim chamados e mostrados como tal, os Macedónios* acreditavam que havia colunas naqueles em que encontravam um qualquer sinal de relatos acerca de Dioniso ou acerca de Héracles.

Assim, ninguém pode duvidar que os primeiros a estar neste lugar colocaram alguns marcos construídos por si – fossem altares, pequenas torres ou colunas – nos lugares mais distantes da sua viagem, e colocaram-nos o mais possível visíveis (são particularmente visíveis, para indicar o limite extremo ou o princípio de qualquer lugar, os estreitos, os montes que ficam junto deles ou as ilhas). Mais tarde, quando desapareceram os memoriais construídos por mão humana, os nomes foram transferidos para os lugares, quer alguém pretendesse referir-se às ilhas, quer aos promontórios que dão forma ao estreito. De facto, neste momento é difícil de discernir a qual dos dois se deve atribuir a designação, visto que ambos se parecem com colunas. E digo que se parecem pelo facto de se erguerem em lugares tais que anunciam claramente os limites extremos de um território. De acordo com isso, também um estreito é designado como boca, tanto este como muitos outros (a boca é o princípio para os que navegam para dentro dela, mas é o limite para os que, ao navegar, se afastam dela). Ora, de facto, as pequenas ilhas junto da boca, visto que tinham um contorno claro e bem visível, qualquer um, sem grande esforço, as tomaria facilmente por colunas. Mas também os montes que se encontram do lado do estreito exibem uma tal proeminência, como se fossem pequenos mastros ou colunas. E também Píndaro falaria correctamente das 'Portas de Gades', se as Colunas* fossem entendidas como a boca: de facto, as bocas são parecidas com portas. Por outro lado, Gades* não se ergue num lugar que assinale um limite extremo, mas situa-se mais ou menos a meio de uma extensa zona costeira em forma de golfo. Quanto ao relacionar com elas as colunas que existem no Heracleu* que aí fica, isso é ainda menos razoável, segundo me parece. É mais credível que a reputação deste nome se impusesse, no início, com generais mais do que com comerciantes, tal como aconteceu nas colunas da Índia*. Além disso, também a inscrição da qual se fala, ao revelar, não uma imagem sagrada, mas uma soma de despesas, testemunha contra este argumento: de facto, é forçoso que as Colunas* de Héracles sejam memória de grandes feitos, não o registo de gastos dos Fenícios*.[331]

7.

Afirma Políbio que há em Gades*, no Heracleu*, uma nascente, que tem uma escada, com poucos degraus até à água, que é potável, e que esta se comporta num sentido contrário ao das marés, esvaziando na maré cheia, enchendo na maré baixa. Aponta como causa que o ar, empurrado das profundezas para a superfície da terra, quando esta é coberta pelo fluxo das águas da maré cheia, é afastado das saídas adequadas e, ao voltar para trás, para o interior, bloqueia os canais da fonte e provoca a ausência de água. Quando a terra fica novamente descoberta, o ar, passando à vontade, liberta os veios da nascente, de tal modo que ela brota com toda a facilidade. Artemidoro, por outro lado, contradiz isto e apresenta também a sua própria explicação, ao mesmo tempo que relembra a opinião do historiador Sileno[332], mas parece-me que não dizem nada digno de lembrança, já que tanto ele próprio como Sileno são leigos nesta matéria. Quanto a Posidónio, além de dizer que esta informação é falsa, afirma que existem dois poços no Heracleu* e um

---

[331] Note-se como, em todo este capítulo 6, Estrabão faz uma súmula crítica da informação reunida e, mesmo sem chegar a uma conclusão absoluta, prefere a versão tradicional, aquela que associa as Colunas a acidentes geográficos claramente visíveis, à versão fenícia, que pretende relacionar as Colunas com a construção do Heracleu. Fá-lo, como se vê, usando argumentação extensa e cuidada, que tenta tomar em conta as várias possibilidades, quer as que considera mais prováveis, quer as que rejeita.

[332] Historiador grego, originário da Sicília, que acompanhou as campanhas de Aníbal na Ibéria e na Itália, escrevendo um relato destinado ao público grego. Terá sido uma das fontes de Políbio. Os escassos fragmentos existentes parecem revelar um estilo tipicamente helenístico, cheio de ornamentos estilísticos.

terceiro na cidade[333]. Dos do Heracleu*, o mais pequeno, quando se retira água continuamente, fica vazio de imediato, mas enche de novo com uma pausa na recolha de água. O maior tem água durante o dia inteiro – esta vai diminuindo, tal como acontece com todos os outros poços –, mas enche durante a noite, quando já não se retira água. Por isso, já que a maré baixa coincide, muitas vezes, com a ocasião em que os poços enchem, os habitantes acreditaram sem fundamento no comportamento inverso.

Que esta informação teve crédito disse-o o próprio Posidónio e também nós a encontrámos, repetida vezes sem conta, nos textos dos *Paradoxos*[334]. Ouvimos também que havia poços, uns nos jardins diante da cidade, outros lá dentro, e que, por causa das más condições da água, eram abundantes pela cidade os depósitos de recolha de água. Mas se, além disso, algum destes poços demonstra a suposição do comportamento contrário ao das marés, isso não sabemos. Se essas coisas acontecem mesmo assim, as causas devem incluir-se entre as questões difíceis. É verosímil, por um lado, que as coisas aconteçam tal como Políbio afirma. Mas também é lógico que alguns dos veios das nascentes, quando ensopados por fora, amoleçam e permitam que a água saia principalmente para os lados, em vez de a empurrar pela sua corrente antiga em direcção à fonte (e ficam necessariamente ensopados quando são inundados pelo fluxos das águas da maré). Ora se, como afirma Atenodoro[335], o que acontece relativamente às marés altas e às marés baixas é semelhante à inspiração e à expiração, então, possivelmente, algumas correntes de água têm, por natureza, o seu fluxo para a superfície por umas passagens, a cujas bocas chamamos fontes ou nascentes, mas também, por outras passagens, são levadas para as profundezas do mar e, ao ajudar o mar a subir, no momento da maré alta (quando se tornam uma espécie de expiração), abandonam o seu curso habitual, mas regressam novamente a esse curso habitual quando o mar se coloca em retirada.

8.

Não sei por que razão Posidónio, que noutras ocasiões apresenta os Fenícios* como um povo espantoso, neste caso lhes sublinha mais a loucura

---

[333] Repare-se que Estrabão lida, desde o início, neste tema, com informações contraditórias. Políbio fala de uma fonte, no Heracleu, enquanto Posidónio refere dois poços. Plínio *H. N.* 2. 100 indica, em Gades, uma fonte, fechada em forma de poço.

[334] Obras de uso habitual na escola estóica – à qual, recorde-se, Estrabão pertencia – que apresentavam relatos de fenómenos estranhos ou aparentemente incompreensíveis. Foram muito frequentes no período helenístico.

[335] Filósofo estóico grego, originário de Tarso, contemporâneo e amigo de Estrabão. Foi também amigo de Cícero e preceptor de Augusto. Terá composto, tal como Posidónio, um tratado *Sobre o Oceano*, que pode ter servido de fonte para Estrabão na matéria sobre a qual agora se debruça.

do que a esperteza. Ora, de facto, o dia a e a noite medem-se pelas revoluções do sol, que umas vezes está sob a terra e outras vezes aparece sobre a terra. E Posidónio afirma que o movimento do Oceano* está sujeito a um ciclo de tempo semelhante ao dos astros, apresentando, de acordo com a lua, um ciclo diário, um mensal e um anual. Assim, quando a lua se encontra no horizonte à altura de um signo do zodíaco, o mar começa a crescer e avança sobre a terra de forma visível até a lua chegar ao meridiano; quando o astro começa a declinar, as águas recuam de novo pouco a pouco, até que a lua se situe a um signo do zodíaco do poente; em seguida, permanece nessa mesma situação durante o tempo em que a lua se junta ao poente e ainda mais durante o tempo em que se move debaixo da terra até se afastar um signo do zodíaco do horizonte; depois [o mar] avança de novo, até a lua chegar ao meridiano debaixo da terra; em seguida recua, até que a lua, realizando um movimento circular até ao levante, se afaste um signo do zodíaco do horizonte; permanece assim até que [a lua] se levante um signo do zodíaco acima da terra, e então o mar avança novamente. Posidónio diz que este é o ciclo diário. Quanto ao mensal, afirma que os refluxos da maré se tornam maiores por ocasião da conjunção[336]; em seguida diminuem até ao quarto crescente, aumentam de novo até à lua cheia e de novo diminuem até ao quarto minguante; em seguida, até à conjunção, voltam os aumentos, e esses aumentos são maiores tanto em extensão como em rapidez. Quanto ao período anual, Posidónio afirma que o ouviu junto dos habitantes de Gades*: estes diziam que tanto os recuos como os avanços do mar aumentavam sobretudo no solstício de verão. Então, ele próprio conjectura que diminuem desde o solstício até ao equinócio, que aumentam até ao solstício de inverno e que, em seguida, diminuem até ao equinócio da primavera e, depois, aumentam até ao solstício de verão[337]. Ora, visto que estes ciclos existem, cada um, um dia e uma noite, subindo o mar duas vezes e recuando outras duas (no tempo conjunto de ambos), de uma forma regular, tanto durante o dia como durante a noite, por que é que o enchimento do poço acontece frequentemente na maré baixa, mas já não acontece frequentemente a ausência de água? Ou, se acontece frequentemente, por que não acontece o mesmo número de vezes? Ou, se acontece o mesmo número de vezes, por que é que os Gaditanos* não se revelaram capazes de observar estas coisas que se passavam diariamente, mas foram capazes de observar os ciclos anuais a partir de coisas que aconteciam uma única vez

---

[336] Ou seja, a lua nova, o momento de conjunção entre a Lua e o Sol, que torna o nosso satélite invisível.

[337] No oceano Atlântico acontece precisamente o contrário, as marés são mais amplas no período do equinócio. Plínio *H. N.* 99-100 dá a informação correcta e a sua fonte parece ser também Posidónio. Meana y Piñero 1992: 129, n. 314 sugerem que Estrabão não terá compreendido devidamente a explicação de Posidónio.

por ano? Mas certamente que Posidónio acredita neles, isso é evidente a partir daquilo que acrescenta como conjectura, que a sucessão de descidas e subidas do mar tem lugar de solstício a solstício e, a partir daí, volta de novo a começar. Sem dúvida que isto não é lógico, que, sendo tão observadores, não tenham prestado atenção ao que acontecia e tenham acreditado no que não acontecia.

9.

Afirma, além disso, Posidónio que Seleuco, o da região do mar Eritreu*, fala, em relação a estes fenómenos, não só de algumas irregularidades, mas também de regularidades nas variações dos signos do zodíaco. Por um lado, estando a lua nos signos equinociais, os movimentos das marés são regulares, mas nos solsticiais existe alguma irregularidade, tanto na magnitude como na rapidez, enquanto, de acordo com a proximidade de cada um dos outros [signos ao equinócio ou ao solstício], há um comportamento em proporção. O próprio Posidónio afirma que, tendo passado no Heracleu* de Gades* numerosos dias do solstício de verão na lua cheia, não lhe foi possível verificar as variações anuais. No entanto, por ocasião da conjunção lunar daquele mês, observou, em Ilipa*, uma grande mudança no refluxo das águas do Bétis* em relação aos anteriores, nos quais a água não chegava sequer a metade da altura da margem. Naquela ocasião, a água transbordou de tal forma que era possível aos soldados recolhê-la ali mesmo (e, no entanto, Ilipa* dista do mar cerca de setecentos estádios[338]). E quando as planícies junto do mar estavam cobertas pela maré cheia numa distância de até trinta estádios[339] para o interior, de tal modo que até se cobriam de ilhas, a altura da água nas fundações, tanto as do templo, no Heracleu*, como as do molhe que está situado diante do Porto de Gades*, não estava coberta sequer até dez côvados[340], segundo afirma, de acordo com medição própria. E se acrescentasse o dobro desta quantidade, por conta das enchentes que têm lugar de vez em quando, nem desse modo se tornaria evidente o aspecto que a extensão da enchente evidencia nas planícies. De facto, este tipo de movimento, segundo a sua observação, é comum a toda a costa, embora o do rio Ibero* seja, de acordo com o que ele próprio afirma, 'novo e peculiar'. Assim, existem enchentes, mesmo sem ajuda da chuva ou da neve, sempre que os ventos do norte sopram de forma excessiva. A causa é a laguna através da qual o rio corre: de facto, as águas da laguna são ajudadas a transbordar pelos ventos.[341]

---

[338] 129,5 km.

[339] 5,55 km.

[340] 4,62 m.

[341] Meana y Piñero 1992: 130, n. 317 afirmam que este fenómeno não pode referir-se ao Ebro, mas sim a um rio Hibero, na província de Huelva, que corria através de um pântano, o

10.

Posidónio dá também informações acerca de uma árvore que existe em Gades* e que tem os ramos inclinados até ao chão e cujas folhas, em forma de espada, têm, muitas vezes, um côvado de comprimento e quatro dedos de largura[342]. E também de uma árvore, na região de Nova Cartago*, que solta dos espinhos uma fibra a partir da qual se obtêm belíssimos tecidos[343]. Em relação à de Gades*, também nós próprios vimos, no Egipto*, uma árvore semelhante, quanto à inclinação dos ramos, mas diferente em relação às folhas e não tendo fruto[344] (Posidónio, no entanto, afirma que esta tem). As fibras dos espinhos, por seu lado, são também tecidas na Capadócia*, mas aí não é uma árvore que produz os espinhos, mas uma planta rasteira[345]. Em relação à árvore de Gades* também se conta, além disso, que, quando se rompe um ramo, corre leite, mas quando se corta uma raiz brota um líquido avermelhado. E são estas as coisas que dizem respeito a Gades*.

11.

As Cassitérides* são dez e situam-se perto umas das outras, no alto mar, a norte do porto dos Ártabros*. Uma delas está desabitada, nas outras vivem pessoas que usam capas negras, vestidas com túnicas que chegam aos pés, apertadas em volta do peito, deambulando com um bastão, semelhantes às deusas da vingança das tragédias. Vivem do seu gado, de uma forma essencialmente nómada. Visto que têm minas de estanho e de chumbo, recebem, em troca destes metais e de peles que entregam aos mercadores, cerâmica e também sal e artigos de bronze. Primeiramente eram os Fenícios* os únicos que se dedicavam a este comércio a partir de Gades*, escondendo a rota de todos os outros. E quando os Romanos* seguiram um certo mercador, com o objectivo de conhecerem, eles próprios, o lugar das trocas comerciais, o mercador, com inveja, atirou voluntariamente o navio para um baixio, conduzindo também à mesma ruína os seus perseguidores. O próprio mercador foi salvo, por causa de um destroço do navio, e recebeu do tesouro público o valor das mercadorias que tinha perdido. Os Romanos*, ainda assim, depois de terem tentado muitas vezes, descobriram a rota. E quando Públio Crasso[346]

---

palus *Erebea*, a que Avieno faz referência (*Ora Maritima*, 243).

[342] Respectivamente, 46 e 8 cm. Esta árvore será o dragoeiro (*dracaena draco*), existente principalmente nas Ilhas Canárias. O dragoeiro tem como fruto, legitimando a afirmação de Posidónio, umas pequenas bagas vermelhas.

[343] Provavelmente a *hyphaena thebaica*, uma espécie de palmeira.

[344] Será o salgueiro-chorão (*salix babylonica*).

[345] Supõe-se que seja uma espécie de palmeira anã (*chamareops humilis*).

[346] Procônsul na Hispânia ulterior em 97 a.C., não sabemos exactamente as campanhas que desenvolveu, mas é conhecido que, em 91, teve direito a uma cerimónia de triunfo, em Roma, pelas suas vitórias contra os Lusitanos.

fez a travessia até junto desse povo e teve conhecimento de que a extracção dos metais era feita a pouca profundidade e que os homens eram pacíficos, mostrou com grande detalhe, aos que o desejavam, como trabalhar, a nível comercial, este mar, embora fosse maior do que o que separa a Britânia* [do continente].

E acerca da Ibéria* e das ilhas situadas em frente, é isto que há a dizer.

Mapa da Ibéria

Indicações relativas ao mapa
HansenBCN, *Karte der iberischen Halbinseln mit den heute spanischen und portugiesischen Inseln zeigt das klassische Iberien um ca. 7 v.Chr.*, 2009
Fonte: https://commons.wikimedia.org/wiki/File:Iberia-Strabon-es.png?uselang=pt#filelinks

ÍNDICE DE TERMOS GEOGRÁFICOS

Abdera (3. 4. 3) – Hoje em dia, Adra (Almería). Cidade de fundação fenícia, como muitas outras na região. É importante para a pesca e para a indústria da salga de peixe, ao mesmo tempo que tem, em redor, muitas propriedades agrícolas.

Abilix (3. 5. 5) – Monte que corresponde ao lado africano do estreito de Gibraltar. Estrabão refere-o no contexto da discussão sobre a localização efectiva das Colunas de Héracles.

Acúcia (3. 3. 2) – Cidade dos Vaceios situada junto do rio Douro; poderá corresponder a Toro, na província de Zamora.

Alotrigues (3. 3. 7) – Designação de um dos diversos povos *de nome obscuro* que habitavam a região montanhosa do norte da Ibéria.

Anas (3. 1. 6, 7, 9; 3. 2. 1, 3, 11; 3. 3. 1, 5; 3. 4. 12) – Rio Guadiana, actualmente. Com origem a este, na Celtibéria, e desaguando a sul, na região ocidental da Península, constituía um dos principais meios de comunicação fluvial da Ibéria, a par de rios maiores, como o Tejo, ainda que fosse navegado por embarcações mais pequenas do que este. Ao longo das suas margens distribuem-se diversos povos peninsulares, como os Lusitanos e os Célticos do lado oriental, os Túrdulos e os Turdetanos do lado ocidental.

Anfílocos (3. 4. 3) – Cidade que Estrabão situa na Galícia e que integra na tradição que evoca as expedições de heróis da épica ao extremo ocidente. A localização da cidade é tão obscura quanto o herói que lhe deu o nome.

Aquitânia (3. 4. 10, 18) – Território da Gália, confina com a Ibéria na parte oeste dos Pirenéus. Estrabão salienta essa posição fronteiriça e as dificuldades de comunicação entre os dois lados da fronteira, que tornou particularmente difícil o abastecimento das forças de Pompeio.

Argêntea [montanha] – 3. 2. 11 – Montanha donde fluiria o rio Bétis, nas proximidades de Castulo, cidade outrora famosa pela produção de prata. A designação 'Argêntea' dever-se-ia precisamente às minas de prata que se encontravam nesta montanha.

Arotrebas (3. 3. 5) – Cf. Ártabros.

Ártabros (3. 1. 3; 3. 2. 9; 3. 3. 5; 3. 5. 11) – Povo do noroeste extremo da Península, habitava junto do Cabo Nério e era vizinho dos Célticos dessa região.

Arvaques (3. 4. 13) – Um dos povos em que se dividiam os Celtiberos, de todos eles o mais aguerrido e o que mais resistência opôs à presença romana. A sua cidade mais importante era Numância, nas margens do Douro superior.

Ásia (3. 2. 2) – Um dos três continentes em que se dividia o mundo habitado, na época de Estrabão (a par da Europa e da África ou Líbia).

Asta (3. 1. 9; 3. 2. 2, 5) – Cidade da Turdetânia, convenientemente situada junto a um estuário e próxima do porto de Gades. Corresponderá, na actualidade, a Mesas de Asta, na província de Cádiz[347].

Ástigis (3. 2. 2) – Cidade importante da Turdetânia, corresponderá, hoje, a Écija, na província de Sevilha.

---

[347] A propósito das cidades da Turdetânia descritas no livro III da *Geografia*, cf. Cortijo Cerezo 2004: 119-138.

Ástures (3. 3. 7; 3. 4. 12, 20) – Denominação de um dos povos que habitavam o norte da Ibéria, situado entre Galaicos e Cântabros. O seu território incluiria boa parte das actuais províncias das Astúrias e de Leão, e ainda a metade ocidental da província de Zamora[348].

Astúrias (3. 3. 3; 3. 4. 10, 20) – Região do norte peninsular, habitada pelos Ástures, e por onde flui o rio Melso.

Atégua (3. 2. 2) – Sítio arqueológico na província de Córdoba, actualmente; terá sido uma das cidades da Turdetânia em que os filhos de Pompeio foram vencidos por Júlio César.

Ática (3. 2. 9; 3. 5. 5) – Região da Grécia na qual se situava a cidade de Atenas, assim como as famosas minas de prata de Láurion.

Augusta Emerita (3. 2. 15; 3. 4. 20) – Cidade da Turdetânia cuja população autóctone terá recebido colonos romanos, misturando-se com eles e constituindo-se, também por isso, como um dos exemplos estrabonianos de cidades peninsulares que progrediram, em particular a nível civilizacional e político; pode identificar-se, na actualidade, com a cidade de Mérida, na província de Badajoz.

Bardietas (3. 3. 7; 3. 4. 12) – Designação de um dos diversos povos *de nome obscuro* que habitavam a região norte da Ibéria, no território que corresponderá actualmente à província de Guipúzcoa e a parte oriental da província de Álava.

Bárdulos (3. 4. 12) – Cf. Bardietas.

Bastetânia (3. 3. 7; 3. 4. 2) – Neste caso, como noutros, "...es el pueblo el que define el território y, en este sentido, la ubicación de Bastetania/ Bastetanos se presenta conflictiva, máxime cuando nuestro geógrafo los assimila a los Bástulos". Em Estrabão, a Bastetânia surge como "una amplia zona que compreenderia las costas de las actuales Huelva, Cádiz, Málaga y Granada, hasta Almería, y, al interior, parte de Andalucía oriental (províncias de Jaén, Granada, Almería), Murcia y Albacete"[349], área que aparece mais reduzida em Plínio, desde logo porque o autor distingue Bastulos de Bastetanos, situando os primeiros na costa entre os rios Anas e Baria (Villaricos, Almería) e os últimos entre Almería e Nova Cartago[350].

Bastetanos (3. 1. 7; 3. 2. 1; 3. 4. 1, 12, 14) – Cf. Bastetânia.

Bastulos (3. 1. 7; 3. 4. 1.) – Cf. Bastetânia.

Belião [rio] (3. 3. 4., 5) – Cf. Lima [rio].

Belon (3. 1. 8) – Cidade próspera da costa turdetana, com mercados e indústria de salga de peixe, e oportunamente situada junto do rio homónimo; daí partiam travessias para Tinge, na costa norte ocidental do continente africano. Corresponderá, na actualidade, a Bolonia, na província de Cádiz.

Belon [rio] (3. 1. 8) – Este rio poderá equivaler, eventualmente, ao rio Valle ou ao rio Barbate[351].

Báinis (3. 3. 4) – Cf. Minho [rio].

Berões (3. 4. 5, 12) – Povo que ocupava a região correspondente, no essencial, a La Rioja. Estrabão apresenta-os como Celtas, mas é discutível que possam ser entendidos como um grupo de entre os Celtiberos.

---

[348] Cf. Gómez Espelosín et al. 2012: 324, s. u. 'Astures'.

[349] Gómez Espelosín et al. 2012: 330.

[350] Cf. Gómez Espelosín et al. 2012: 329-331, onde se acrescentam outros elementos ilustrativos da dificuldade em definir Bastetânia/ Bastetanos/ Bastulos.

[351] Cf. Gómez Espelosín et al. 2012: 332, *s. u.* 'Belón'.

Beterra (3. 4. 9) – Cidade de localização incerta, que Estrabão situa, no percurso da Via Augusta, entre os Troféus de Pompeio e Tarraco. Há quem defenda que se tratava de uma povoação fundada por veteranos do exército romano.

Bética (3. 1. 6; 3. 4. 9, 12, 20) – Cf. Turdetânia.

Bétis [cidade] (3. 2. 1) – Cidade importante da Turdetânia, que terá recebido colonos romanos; situava-se junto do rio Bétis.

Bétis [rio] (3. 1. 6, 7, 9; 3. 2. 1, 2, 3, 11, 15; 3. 3. 1; 3. 4. 12; 3. 5. 3, 9) – Denominado rio Tartesso pelos antigos, corresponde hoje ao Guadalquivir. Nasce a este e flui para a costa meridional oeste da Península, apresentando duas embocaduras e uma cidade entre elas: tem *a sua nascente na Oróspeda, corre através da Oretânia até à Bética* (3.4.12). A partir do nome do rio, *chamam Bética à região*, topónimo expressivo do relevo deste curso fluvial, nomeadamente pelas facilidades de navegabilidade que oferecia ao longo do seu percurso, propícias ao comércio. "Estrabón convierte al Betis en el eje que organiza y le da la coherencia a toda esta unidad geográfica bético-turdetana, ya que la comunica y la articula desde la costa al interior, desde la montaña a la llanura"[352]. Nas suas margens, onde habitavam os Túrdulos ou Turdetanos, localizam-se diversas cidades turdetanas, como Castulo, Córdoba, Híspalis, Ilipa, Itálica.

Betúria (3. 2. 3) – Segundo o geógrafo de Amásia, era uma região ibérica *com planícies áridas que se estendem ao longo do Anas*. O carácter genérico da definição, sem qualquer referência a etnias, espelha possivelmente alguma indeterminação relativa à identificação dessa zona, que Gómez Espelosín et al. localizam "entre el curso alto del Anas y el oeste de sierra Morena (sierra de Almadén y sierra de Alcudia)[353].

Bílbilis (3. 4. 13) – Cidade localizada perto da actual Catalayud, província de Saragoça. Situa-se na zona dos Celtiberos (é apenas deles que Estrabão fala, a respeito desta cidade), sendo habitada pelos Lusões. O geógrafo refere-a unicamente no contexto do seu envolvimento nos combates entre Sertório e Metelo.

Bósforo (3. 2. 12) – o Bósforo Cimério era o nome atribuído pelos Gregos ao estreito de Kerch, à entrada do Mar de Azov.

Britânia (3. 5. 11) – Cf. Ilhas Britânicas.

Cabo Barbário (3. 3. 1) – Cabo Espichel, na actualidade, situado na região de Setúbal, perto da foz do rio Tejo.

Cabo Nério/ dos Ártabros (3. 1. 3; 3. 3. 5) – Equivale talvez ao actual Cabo Touriñán, na província da Corunha, constituindo-se como vértice entre os flancos ocidental e setentrional da Ibéria; era também denominado 'Cabo dos Ártabros' por se situar no território desse povo do extremo noroeste peninsular.

Caesaraugusta (3. 2. 15; 3. 4. 10, 13) – Corresponde à cidade de Saragoça, na actualidade. Oportunamente situada junto do rio Ebro, *na região dos Celtiberos*, terá recebido Romanos como colonos e é indicada, também por isso, como uma das cidades da Turdetânia onde se evidencia o progresso civilizacional e político.

Calagurris (3. 4. 10) – É a actual Calahorra (La Rioja). Estará ainda em zona de Celtiberos, mas Estrabão diz que pertence aos Vascos. Menciona-a a propósito do envolvimento nos combates de Sertório e é sabido que ofereceu grande resistência às forças de Pompeio.

---

[352] Cf. Gómez Espelosín et al. 2012: 333, s. u. 'Betis'.
[353] 2012: 335, s. u. 'Beturia'; cf. também pp. 335-337.

Calpe (3. 1. 7, 8; 3. 2. 1, 11; 3. 4. 1, 2; 3. 5. 3, 5)
[promontório] – Tratar-se-ia de uma das Colunas de Héracles no actual Estreito de Gibraltar, que se erguia do lado do continente europeu, pequena em termos de perímetro, *mas grande em altura e escarpada*.
[cidade] – Cidade homónima do promontório, situava-se nas suas imediações, e fora *outrora porto dos Iberos*. De acordo com testemunhos como o de Timóstenes, teria sido fundada por Héracles e, por isso, denominada Heracleia; é também comum identificá-la com Carteia (cf. Carteia).
Campos Elísios (3. 2. 13) – Lugar aprazível destinado a alguns heróis depois da morte, como Menelau, situado *nos confins [ocidentais] da terra*, de acordo com a tradição homérica a que Estrabão dá crédito. A partir do conhecimento que Homero teria sobre o clima aprazível da Turdetânia, *sobre as suas riquezas e demais qualidades*, terá criado os Campos Elísios nessa região[354].
Cantábria (3. 4. 3, 17, 18, 20) – Região situada no norte da Ibéria, confina com os Ástures, a oeste, com o Oceano a norte, com os Vascos a este e com os Vaceios a sul. É referida essencialmente a propósito da chamada 'guerra cantábrica', conduzida por Augusto entre 25 e 19 a.C. O geógrafo destaca o comportamento selvagem do povo que a habita.
Cantábricos [montes] (3. 4. 6) – Estes montes, situados na Cantábria, são referidos como o lugar onde nasce o Ibero (Ebro).
Cântabros (3. 3. 4, 7, 8; 3. 4. 10, 16, 18, 20) – Povo do norte peninsular, com costumes que Estrabão considera incivilizados e selvagens. Gómez Espelosín et al. observam que:

"el etnónimo presenta un doble uso, uno particular o restringido relativo a los grupos mencionados y otro genérico. Éste aparece en referencia a los pueblos del norte mencionados en el capítulo cuarto. Esta percepción procede del contexto de las guerras cántabras que abarcaron la totalidade del noroeste peninsular, y sobre las que Estrabón pudo tener un conocimiento directo en Roma"[355].

Capadócia (3. 5. 10) – Região que, hoje, faz parte da Turquia, com um território montanhoso e árido. O geógrafo refere-a por lá se encontrar uma árvore da qual se aproveitam as fibras das folhas, como acontece com uma outra, particularmente diferente, que se encontra em Nova Cartago.
Carmo (3. 2. 2) – Enumerada entre as cidades da Turdetânia, *a alguma distância do <rio> Bétis*, corresponderá, hoje, a Carmona, perto de Sevilha.
Carpetânia (3. 2. 3) – Região que compreenderia, em termos gerais, "buena parte de las actuales provincias de Ciudad Real, Toledo y Madrid, entre la Sierra de Guadarrama y Sierra Morena y la cuenca norte del Guadiana"[356].
Carpetanos (3. 1. 6; 3. 2. 1; 3. 3. 1, 2, 3; 3. 4. 12, 13) – Povo que habitaria a região interior situada entre os rios Guadiana e Tejo; segundo Estrabão, delimitava a Turdetânia, a este, juntamente com outros povos, e a Lusitânia, também do lado oriental.
Cerretanos (3. 4. 11) – Povo que vive na vertente ibérica dos Pirenéus. Estrabão fala da grande qualidade dos presuntos que ali se produzem.

---

[354] Cf. Aujac 1966: 32.
[355] 2012: 344, s.u. 'cántabros'.
[356] Gómez Espelosín et al. 2012: 346, s. u. 'Carpetania'.

Cartagineses (3. 2. 14; 3. 4. 5, 6) – No volume III da *Geografia*, são destacados por Estrabão na qualidade de testemunhos das riquezas ibéricas, consequência das conquistas que levaram a cabo, após a derrota na primeira guerra púnica (241 a. C.), nas regiões do sul peninsular, ao longo das margens do Bétis, e que lhes permitiriam garantir a supremacia nessa zona, antes das conquistas de Roma. Os Cartagineses são ainda mencionados enquanto opositores dos Romanos nas guerras púnicas (na segunda, em particular).

Cartália (3. 4. 6) – Cidade de localização incerta, a que alguns atribuem origem púnica. Estrabão coloca-a numa sequência (com Querroneso e Oleastro) entre Sagunto e a foz do Ibero (Ebro).

Carteia (3. 2. 2, 7, 14) – Cidade costeira da Turdetânia, com uma localização privilegiada, sobressai também pela riqueza da sua pesca. Na Antiguidade, seria ainda denominada 'Calpe-Carteia' por uns, 'Tartesso' por outros. Situar-se-á, nos dias de hoje, em San Roque, na província de Cádiz.

Castulo (3. 2. 3, 10, 11; 3. 3. 2; 3. 4. 9, 20) – Cidade poderosa da Oretânia, com minas de prata e de chumbo. Localizar-se-á actualmente no município espanhol de Linares, na província de Jaén.

Celsa (3. 4. 10) – Hoje Velilla de Ebro, Saragoça. Não longe de *Caesaraugusta*, é um dos exemplos de povoamento romano do vale do Ibero (Ebro), que os Romanos transformam numa importante via de comunicação e de transporte de produtos vários.

Celtas (3. 4. 5, 3. 4. 16(?)) – Etnónimo com que Estrabão designava os habitantes da Gália, localizada a este dos Pirenéus.

Celtibéria (3. 2. 11; 3. 4. 12, 13) – Designação genérica, que abarcaria um território extenso do interior peninsular[357]. Em 3. 4. 12, o geógrafo de Amásia descreve assim a região: *A maior parte dela é rude e tem muitos rios. De facto, correm através das suas terras o Anas e o Tejo e uma série de outros rios, a maior parte dos quais vai desaguar no mar ocidental, tendo a sua nascente na Celtibéria.*

Celtiberos (3. 2. 3, 11, 15; 3. 3. 1, 3, 4; 3. 4. 5, 10, 13, 14, 16, 20) – Designação dada a habitantes da Ibéria de origem celta, devido à "necesidad erudita y geográfica de distinguir entre etnias conocidas como 'celtas' assentadas en distintos territórios"[358] peninsulares. Em 3.4.13, Estrabão refere-se aos Celtiberos nos termos seguintes: *Estando os Celtiberos divididos em quatro partes, os mais poderosos estão situados principalmente a oriente e a sul, os Arvaques, que confinam com os Carpetanos e com as nascentes do Tejo. A sua cidade de maior nomeada é Numância. Mostraram o seu valor na guerra celtibérica, contra os Romanos, que durou vinte anos.*

Céltica (3. 1. 3, 3. 2. 11, 3. 4. 8, 11) – Designação com que Estrabão se refere à Gália.

Célticos (3. 1. 6; 3. 2. 2, 15; 3. 3. 5, 7; 3. 4. 10, 16(?)) – Habitantes de origem celta que se terão estabelecido no sudoeste da Península, entre os rios Tejo e Guadiana, e também no norte da Ibéria.

Chipre (3. 4. 15) – Esta ilha do Mediterrâneo oriental é referida incidentalmente por Estrabão quando, citando Posidónio, afirma que o cobre de Chipre tem propriedades que nenhum outro possui.

---

[357] Cf. Gómez Espelosín et al. 2012: 135-138 e 356 sqq. s. u. 'Celtiberia, Celtíberos', em particular, a p. 357.

[358] Gómez Espelosín et al. 2012: 136.

Ciâneas (3. 2. 12) – Rochedos tradicionalmente localizados no Mar Negro, também designados como Simplégades, 'os que chocam', devido à ideia de que se moviam; surgem em geral associados ao mito dos Argonautas e às dificuldades com que os heróis gregos se terão deparado na travessia até à Cólquida.

Cimérios (3. 2. 12) – Povo que se teria deslocado das regiões setentrionais do Mar Negro para a Ásia Menor, estabelecendo-se em Sinope; terá entretanto atacado os Gregos da Iónia, em época anterior ao reinado de Creso da Lídia (séc. VI a. C.) – cf. Hdt. 1.15.103, 4. 12. 1-3. No contexto do livro III da *Geografia*, destaca-se sobretudo a natureza sombria e distante do seu território de origem, no norte da Europa, propícia à localização do Hades nesse lugar, na criação poética, posicionamento favorecido também pela investida dos Cimérios contra os Gregos da Ásia Menor.

Cirene (3. 4. 3) – Colónia grega, extremamente importante, na zona oriental da Líbia. Estrabão refere-a a propósito da identificação do lugar onde viveriam os Lotófagos.

Citas (3. 4. 17) – Povo bárbaro da Ásia, que Estrabão apresenta como exemplo de comportamento bárbaro e selvagem. O geógrafo faz uma aproximação entre os Citas e os povos mais selvagens e menos civilizados da Ibéria.

Colunas <de Héracles/ Hércules> (3. 1. 2, 3, 6, 7; 3. 2. 4, 5, 6, 7, 12; 3. 3. 2; 3. 4. 1, 8, 10; 3. 5. 2, 3, 5, 6) - designação dada outrora ao Estreito de Gibraltar, delimitado por dois promontórios e considerado durante muito tempo como o limite ocidental da *oikoumene*, para lá do qual se imaginaram diversos mitos (cf. mito de Gérion, das Hespérides). Os novos conhecimentos geográficos, resultantes também da expansão romana para ocidente, continuam a conferir-lhe papel de relevo, porquanto elemento *através do qual o Mar Interior se liga ao Exterior* (3. 1. 7), constituindo-se como ponto de referência por excelência para alusões a toda a costa meridional peninsular, definida de forma reiterada e expressiva como *para cá* ou *para lá das Colunas*. Em 3.5.5-6, Estrabão condensa – e comenta - testemunhos diversos da tradição mítica e histórico-geográfica ligada às Colunas, em particular associados a mitos fundacionais com elas relacionados e à sua topografia.

Coniacos (3. 3. 8) – Denominação relativa a um dos grupos em que os Cântabros do norte peninsular aparecem divididos (cf. também a menção aos Cântabros Coniscos). Viviam *junto às fontes do Ibero* e suscitam uma menção destacada de Estrabão, visto que *em vez de saquearem os aliados dos Romanos, combatem agora em seu favor*, evidenciando-se os benefícios da presença romana na Península.

Coniscos (3. 4. 12) – Cf. Coniacos.

Conistorgis (3. 2. 2) – Cidade céltica, de acordo com Estrabão, para a qual são propostas diferentes hipóteses de localização, como Beja, Mértola, Serpa, a região de Ourique[359]. Álarcão e Barroca[360] sugerem ainda uma correspondência com Medellín, sobre o Guadiana, a montante de Mérida, na província de Badajoz.

Córdoba (3. 2. 1, 3; 3. 4. 9) – Cidade próspera da Turdetânia, situada junto do rio Bétis, com facilidades de navegação; constituiu-se como um importante empório comercial e como uma das cidades mais prestigiadas da região. Córdoba terá sido fundada por Marco Cláudio Marcelo, em data imprecisa da primeira

---

[359] Cf. Gómez Espelosín et al. 2012: 371.
[360] 2012: 124, s.u. *'Conistorgis'*.

metade do século II a. C., e refundada como *colonia ciuium romanorum* por Cláudio Marcelo, sobrinho de Augusto[361].

Cotinas (3. 2. 3) – Localidade em cujas proximidades se produziria bronze e ouro. A sua localização precisa, contudo, não está identificada, ainda que se coloque a hipótese de, com base no contexto em que o termo surge, poder situar-se algures na Serra Morena[362].

Crónio [templo de Cronos] (3. 5. 3) – Templo situado em Gades, na parte ocidental da ilha. Dedicado ao deus fenício Baal Hammón, foi depois assimilado pelo culto de Cronos / Saturno, largamente espalhado por todo o Mediterrâneo.

*Cuneus/***Cúneo** (3. 1. 4) – Designação que proviria do formato de cunha com que os Antigos desenhavam o extremo sudoeste da Ibéria; corresponderia à região contígua ao Cabo de S. Vicente, no Algarve[363]. Alarcão e Barroca admitem também a hipótese de *Cuneus* poder referir-se à Ponta de Sagres, se é que os Antigos já estabeleciam a distinção entre o Cabo de S. Vicente e a Ponta de Sagres, ou ainda de *Cuneus* e *Sacrum* serem denominações diferentes para a mesma extremidade[364]. Cf. Promontório Sagrado.

Dertosa (3. 4. 6, 9) – Povoação situada no lugar onde se faz a travessia do Ibero (Ebro), ao percorrer a Via Augusta. O nome, que nos chega pela primeira vez com Estrabão, deverá corresponder já ao período romano. É discutível se seria efectivamente uma colónia, como o geógrafo afirma. Seria certamente um lugar importante em termos de trocas comerciais.

Diânio (3. 4. 6) – Templo da deusa Ártemis / Diana, situado em Hemeroscópio.

Dicearquia (3. 2. 6) – Porto romano de Puteoli, na actual Pozzuoli, perto de Nápoles.

Dídime (3. 5. 3) – Nome dado pelos habitantes de Gades ao conjunto das duas cidades, a que já existia e a ampliação levada a efeito por Cornélio Balbo (terá tido início em 46 a.C.). O nome significa 'Gémea' e deverá sublinhar a ligação profunda entre as duas partes da cidade, a velha e a nova.

Douro [rio] (3. 3. 2, 4, 6; 3. 4. 12, 20) – Rio importante da Hispânia, com nascente a este, na Celtibéria, e foz a oeste; era navegável para grandes embarcações por uns 800 estádios. Suscita a menção estraboniana a cidades (e.g. Numância, Sergúncia) e povos que se estendiam ao longo das suas margens (cf. Celtiberos, Vaceios, Ástures e Galaicos, de um lado; Vetónios e Lusitanos, do outro).

Ebura (3. 1. 9) – Cidade que Estrabão situa na foz do rio Bétis; corresponderá, na actualidade, a Cortijo de Evora, em Salúncar de Barrameda, na província de Cádiz.

Ebuso (3. 4. 7; 3. 5. 1) – Ibiza. Nome de uma das Ilhas Pitiusas, a maior delas.

Edetanos (3. 4. 1, 12, 14) – Povo habitante da costa mediterrânica da Ibéria, na região entre o rio Sucro e o Ibero (Ebro). Não há dados claros sobre as suas características e nem sequer é absolutamente segura a sua distribuição geográfica.

Egelasta (3. 4. 9.) – Cidade pertencente ao *conuentus Carthaginiensis* (Plínio *H. N.* 3. 25)

---

[361] Sobre a problemática relacionada com o processo fundacional de Córdoba, cf. Gómez Espelosín et al. 2012: 372-373, García y Bellido 1959: 451 sqq. e Canto 1997: 253-283.

[362] Cf. Gómez Espelosín et al. 2012: 170.

[363] Alarcão 2001: 336 e 2010: 112-114 sublinha que a expressão *Cuneus ager* se encontra em Pompónio Mela 3. 5., a propósito dessa zona.

[364] Cf. Alarcão e Barroca 2012: 133, s.u. 'Cuneus'.

Egípcios (3. 3. 7) – A menção aos Egípcios, bem conhecidos pelo mundo grego de Estrabão e pelo próprio geógrafo, dado que o Egipto foi um dos lugares que visitou, serve de termo de comparação a propósito da alusão a um costume dos distantes povos do norte peninsular, relacionado com o comportamento face aos enfermos, que revela afinidade entre as duas etnias consideradas.

Egipto (3. 5. 10) – No livro III, Estrabão refere incidentalmente este território do norte de África, que ele próprio conhecia bem, com o propósito de comparar uma árvore por ele observada com outra que Posidónio afirma ter visto em Gades.

Égua (3. 2. 2) – Inclui-se na enumeração de cidades turdetanas próximas de Córdoba e associadas às campanhas dos filhos de Pompeio contra César. Gómez Espelosín et al.[365] destacam a hipótese proposta por Lasserre, que identifica esta cidade com a *Arua* mencionada por Plínio, localizada em El Castillejo, Alcolea del Río, na província de Sevilha.

Empório (3. 4. 8) – Grande entreposto comercial grego, situado na costa mediterrânica, não longe dos Pirenéus (hoje Ampurias, Girona), fundado por Gregos de origem fócia, provenientes de Massília. Era um notável centro de actividade comercial. Estrabão salienta o facto de a muralha da cidade, ainda que dividida a meio, ser partilhada com os habitantes autóctones.

Emporitanos (3. 4. 9) – Habitantes de Empório.

Énetos/Hénetos (3. 2. 13) – Povo da Paflagónia, na Ásia Menor, associado à guerra de Ílion e, em particular, ao herói troiano Antenor, com o qual viajou em direção a Itália; ter-se-á estabelecido no norte desse território.

Eólia (3. 2. 12) – Região grega no Egeu que compreendia várias ilhas e a costa noroeste da Ásia Menor.

Eriteia ou Eritia (3. 2. 11; 3. 5. 4) - Ilha 'rubra', como sugere a etimologia do termo, numa alusão ao seu enquadramento geográfico na região do sol poente, nos confins ocidentais do mundo, localização outrora propícia à criação de mitos (cf. histórias sobre Gérion). Embora a sua posição exacta seja controversa (cf. Plin., *H. N.* 4. 36), Estrabão, com base nos testemunhos de que dispõe, associa-a ora às proximidades, ora à cidade de Cádiz, sem deixar de mencionar o testemunho de Eratóstenes, que lhe chamava, de modo expressivo, 'Ilha Afortunada'.

Escombroaria (3. 4. 6) – Pequena ilha diante de Nova Cartago, particularmente conhecida, como o nome indica, pelas suas salgas de peixe.

Espartaria (3. 4. 9, 10) – Planície situada entre Setábio e Nova Cartago, produzia junco de grande qualidade, utilizado no fabrico de cordame e também para outros fins, constituindo um importante produto de exportação.

Etíopes (3. 4. 3) – Povo de África, aqui incidentalmente referido a propósito da localização dos Lotófagos, que poderiam situar-se numa região próxima da Etiópia, a ocidente.

Europa (3. 1. 1, 4) – A menção à Europa, um dos três continentes da *oikoumene* conhecida na Antiguidade, surge particularmente relacionada neste volume com os seus limites ocidentais: *na verdade, a terra habitada é delimitada a ocidente por dois continentes, ora pelos confins da Europa, ora pelas primeiras terras da Líbia* (3.1.4).

---

[365] 2012: 319, s.u. 'Arva'.

Exitanos (3. 4. 2; 3. 5. 5) – Habitantes de Ex (ou Sexi), cidade situada na costa mediterrânica, entre Málaga e Abdera. É destacada por Estrabão por causa da sua indústria de salga de peixe. Hoje Almuñecar, Granada.

Farol de Alexandria (3. 1. 9) – Farol edificado na ilha egípcia de Faros para orientar os navegadores, que é descrito por Estrabão em 17. 1. 6 e 9[366].

Fenícios (3. 2. 13, 14; 3. 4. 3; 3. 5. 1, 5, 6, 8, 11) – Destacam-se no volume III estraboniano na qualidade de informadores sobre a Península, região que terão ocupado antes do domínio romano, pelo que são também referidos na condição de invasores e de fundadores de cidades na Ibéria, incluindo nas Ilhas (cf. 3.4.3, 3.5.1)[367], para além, naturalmente, de serem mencionados como mercadores, uma vez que o comércio era uma atividade que lhes estava associada por excelência.

Filenos [altares dos] (3. 5. 5, 6) – Altares situados no Norte de Africa, na região entre as Sirtes, segundo Estrabão. Comemoravam um feito de dois irmãos cartagineses, os Filenos, que, numa competição para determinar o lugar da fronteira entre Cartago e Cirene, sacrificaram a vida para que o lugar fosse aquele aonde tinham conseguido chegar. A história é contada, com algum pormenor, por Salústio (*Iug.* 79).

Gades (3. 1. 5, 8, 9; 3. 2. 1, 11, 13; 3. 4. 2, 3, 9; 3. 5. 3, 4, 5, 6, 7, 8, 9, 10, 11) - Actual cidade de Cádiz, foi outrora uma fundação fenícia que viria a tornar-se entretanto numa das mais importantes cidades do Mediterrâneo, mesmo sob o domínio romano. Com uma localização privilegiada, *nas proximidades da foz do Bétis* (3.4.3), é descrita por Estrabão como *uma ilha separada da Turdetânia por um estreito braço de mar, a uma distância de Calpe de uns setecentos e cinquenta estádios* (3.1.8). O geógrafo destaca *a determinação dos seus habitantes nas navegações* e a amizade com os Romanos, para além da importância dos seus mercadores, como factores do seu enorme desenvolvimento e prosperidade, *embora situada numa região periférica da terra*. A aura que a envolvia favoreceu a sua identificação com a mítica Tartesso, por parte de alguns autores. De forma algo peculiar, o tratamento dado a Gades por Estrabão detém-se, de modo inesperadamente extenso, numa questão relacionada com o ritmo das marés e com a forma como este parece reflectir-se, de modo inverso, num poço ou nascente existente no Heracleu, um templo dedicado a Héracles que havia na cidade.

Gaditanos (3. 2. 1; 3. 2. 2; 3. 5. 3, 5, 8) – Habitantes de Gades, descritos nos seguintes termos por Estrabão: *homens que enviam os maiores navios mercantes, e em maior número, tanto para o Nosso Mar como para o Mar Exterior, mesmo que não habitem numa grande ilha, nem possuam muito do território em frente, nem possuam outras ilhas, já que na sua maior parte, vivem no mar, e apenas uns poucos permanecem em casa ou passam o tempo em Roma.*

---

[366] A propósito deste monumento, nomeadamente da data e do responsável pela sua construção, cf. Leão e Mantas 2009: 109-125.

[367] Alarcão e Barroca 2012: 158 s. u. 'Fenícios' indicam que a colonização fenícia se terá feito preferencialmente nos estuários do Guadiana, do Gilão, do Sado, do Tejo e do Mondego, assim como na costa mediterrânica andaluza. Observam ainda que "antes mesmo de fundarem estabelecimentos de tipo colonial, as comunidades fenícias instalaram-se em povoados indígenas, onde construíram bairros. Conimbriga, Santarém Lisboa, Almaraz, Setúbal, Alcácer do Sal (...), por exemplo, são sítios" que ocuparam.

Galaicos (3. 3. 2, 3, 7; 3. 4. 3, 12, 16, 20) – Enumerados entre os povos que delimitavam o flanco oriental da Lusitânia (cf. 3. 3. 3), e tendo como vizinhos, a este, os Ástures e os Celtiberos, ocupavam uma zona montanhosa que lhes permitiu oferecer maior resistência aos Romanos, razão que teria motivado o sobrenome de Décimo Júnio Bruto, o Galaico, e a designação 'Galaicos' concedida à maior parte dos Lusitanos (cf. 3. 3. 2).

Gauleses (3. 2. 8) – Habitantes da Gália; o termo seria formado a partir do latim *Galli* e seria equivalente a *Celtae* (cf. Caes. *Gal.* 1.1). Para Estrabão, era também sinónimo de *Galátai* (cf. os Gálatas da Ásia Menor, relacionados com antigas migrações gaulesas para Oriente, por certo bem conhecidos pelo geógrafo de Amásia).

Golfos Célticos ou Galácticos (3. 1. 3; 3. 4. 19) – Correspondem, na actualidade, ao Golfo de Biscaia, situado no Oceano Atlântico, a norte dos Pirenéus, e ao Golfo de Leão, que fica a sul dessa cadeia montanhosa, no Mar Mediterrâneo. O território a ocidente para lá do Ródano e do istmo que estes dois Golfos delimitavam fora outrora designado 'Ibéria', definição já alterada na época de Estrabão, uma vez que, como afirma, *os autores de agora colocam-lhe como limite os Pirenéus* (3.4.19).

Golfo Sardo (3. 2. 5) – Alusão, na realidade, ao Mar Sardo, no Mediterrâneo ocidental, entre as Penínsulas Itálica e Ibérica.

Gregos (3. 2. 13; 3. 3. 7; 3. 4. 5, 8, 19) – A alusão aos Gregos surge sobretudo relacionada com questões que se constituem como referentes da identidade helénica, como a Guerra contra os Troianos, os costumes relativos ao casamento, o carácter de viajantes dos Gregos e de fundadores de colónias, o seu conhecimento impreciso sobre territórios bárbaros, afastados, uma vez que é nos territórios bem conhecidos e bem reputados que se conhecem as migrações (3.4.19).

Hades (3. 2. 12, 13) – Mansão dos mortos, lugar obscuro e triste, o Hades aparece situado em locais distintos, que têm em comum o facto de serem distantes da Grécia e sombrios. Na verdade, de acordo com o relato homérico citado por Estrabão, o reino das trevas ficava no território afastado e brumoso dos Cimérios, no norte da Europa (cf. *Od.* 11. 13-19); o geógrafo, contudo, refere-se de igual modo à sua localização na região longínqua do sol poente, nos confins ocidentais da terra, i.e., na Ibéria.

Helenos [cidade] (3. 4. 3) – Uma das cidades que teria sido fundada por Gregos vindos da guerra de Tróia, em território do norte peninsular, entre os Galaicos.

Hemeroscópio (3. 4. 6, 10) – Povoação fundada pelos Gregos de Massília, um pouco a sul da foz do Sucro. Haveria junto dela um templo a Ártemis / Diana. Era um excelente ponto de observação para o mar, quer por razões militares, quer para avaliar as movimentações dos cardumes de peixe.

Heracleia (3. 1. 7) – Cf. Calpe.

Heracleu (3. 5. 3, 5, 6, 7, 9) – Templo situado em Gades, na parte da ilha mais próxima do continente, separada deste apenas por pouco mais de uma centena de metros. Estrabão refere-se a ele de forma peculiar, já que lhe interessam particularmente apenas duas coisas: as colunas, de construção fenícia, que nele teriam existido, com a inscrição dos gastos despendidos na sua construção; o poço ou nascente cuja água se comportava de forma inversa ao fluxo das marés, que leva a que o geógrafo discorra longamente sobre o tema.

Híspalis (3. 2. 1, 3) – Cidade ilustre da Turdetânia, atravessada pelo rio Bétis, era propícia à navegação e ao comércio, tendo-se tornado uma colónia dos Romanos. Corresponde à actual cidade de Sevilha.

Hispânia (3. 4. 19) – Segundo Estrabão, esta designação e Ibéria podem ser usadas indiferentemente e significam o mesmo. Hispânia é a designação oficial latina que, em termos oficiais, se sobrepõe à designação Ibéria, de origem grega. Cf. Ibéria.

Iacetânia (3. 4. 10) – Cf. Iacetanos.

Iacetanos (3. 4. 10) – O povo mais importante de entre os que habitam entre os Pirenéus e o Ebro, numa zona interior do território. Podem ser associados aos Vascos, de que serão um ramo, embora este seja um assunto alvo de discussão.

Ibéria (3. 1. 2, 3, 6; 3. 2. 4, 5, 6, 7, 11, 13, 14; 3. 3. 3, 5, 7; 3. 4. 1, 3, 8, 10, 15, 19, 20; 3. 5. 1, 5, 11) – Topónimo com uma etimologia controversa, eventualmente derivada do rio Ibero (Ebro)[368]. A designação 'Ibéria' merece a atenção particular de Estrabão, como ilustra o excerto seguinte (cf. 3.4.19):

> Assim, foi dado o nome de Ibéria, por parte dos autores antigos, a todo o território para lá do Ródano e do istmo delimitado pelos Golfos Galácticos, mas os autores de agora colocam-lhe como limite os Pirenéus, e dizem que são sinónimas as próprias designações Ibéria e Hispânia; [outros] apenas designavam assim a região para cá do Ibero. Outros, ainda antes, chamavam a estes mesmos povos, que não se distribuíam por um território muito grande, Igletas, como afirma Asclepíades de Mirleia. Os Romanos, por seu lado, chamaram a esta região, indiferentemente, Ibéria ou Hispânia; a uma parte, deram-lhe o nome de ulterior, à outra, de citerior. Mas vão fazendo estas divisões ora de uma maneira ora de outra, pois adaptam a sua governação às circunstâncias.

A descrição deste território do extremo ocidente europeu permite ao geógrafo dar conta de cambiantes na sua delimitação, resultantes de acontecimentos históricos que se sucedem no tempo, até ao domínio romano sobre a região. Outros aspectos sobressaem na apresentação da Ibéria, nomeadamente a sua configuração, semelhante a uma pele estendida, com os membros dianteiros voltados para este (cf. 3.1.3).

Ibero [rio] (3. 3. 8, 3. 4. 1, 6, 7, 9, 10, 12, 13, 19, 20; 3. 5. 9) – Rio Ebro, na actualidade, um dos maiores cursos fluviais da Península. Com nascente nos montes Cantábricos, junto da qual se situam os Coniacos, flui em direcção a sul, num percurso paralelo às cadeias montanhosas dos Pirenéus e de Idúbeda. Outros povos se organizam ao longo do seu itinerário, até à embocadura, no Mar das Baleares (cf. e.g. Edetanos, Indicetas), assim como várias cidades (cf. e.g. Tarraco, *Caesaraugusta*, Celsa, Varia).

Iberos (3. 1. 4, 6, 7; 3. 2. 2, 8, 15; 3. 3. 3, 3. 4. 10, 13, 15, 16, 18; 3. 5. 5) – Designação genérica dos habitantes da Ibéria, ainda que estes se apresentem divididos por diversas etnias (e.g. Turdetanos, Bastetanos) e com modos de vida distintos.

Igletas (3. 4. 19) – Povo apenas referido por Asclepíades de Mirleia, desconhecido por outras vias.

---

[368] Sobre esta questão, cf. Gómez Espelosín et al. 2012: 403.

Idúbeda (3. 4. 10, 12) – Cadeia montanhosa, paralela aos Pirenéus e ao curso do Ibero (Ebro). Corresponde ao chamado Sistema Ibérico.

Ilerda (3. 4. 10) – Lérida. Capital dos Ilergetas. Foi cenário da batalha entre César e os partidários de Pompeio, em 49 a.C.

Ilergetas (3. 4. 10) – Habitantes da região entre os Pirenéus e o Ibero (Ebro). As suas cidades principais são Ilerda e Osca.

Ilha de Hera (3. 5. 3, 5) – Pequena ilha que Estrabão situa, na companhia de outra, à qual não atribui nome, junto das Colunas de Héracles. Coloca a hipótese de serem estas ilhas a receber o nome de Colunas.

Ilhas Baleares (3. 5. 1) – Conjunto das ilhas que se encontram, no Mediterrâneo, em frente da região que vai de Sagunto até Tarraco. Eram quatro, divididas em dois grupos, as Gimnésias (Maiorca e Menorca) e as Pitiusas (Ebuso e Ofiusa).

Ilhas Britânicas (3. 2. 9) – Ilhas do noroeste europeu, no extremo ocidente da *oikoumene*.

Ilhas Cassitérides (3. 2. 9; 3. 5. 11) – Situadas nos confins ocidentais do mundo, estas ilhas destacavam-se sobretudo pela produção de estanho. A sua localização tradicional, ainda que controversa, coloca-as algures no Atlântico, entre a costa norte da Ibéria e as Ilhas Britânicas[369]. Estrabão posiciona-as *no alto mar, a norte do Porto dos Ártabros*, e define o seu número: dez, *situadas umas perto das outras*. Caracteriza ainda os seus habitantes, referindo-se ao modo de vestir, ao facto de viverem *do seu gado, de uma forma essencialmente nómada*, e à actividade comercial a que se dedicavam (cf. 3. 5. 11). São apontadas várias hipóteses, todas incertas, para a sua localização.

Ilhas dos Bem-aventurados (3. 2. 13) – Ilhas outrora situadas por Hesíodo num local longínquo, nas margens do Atlântico (cf. *Op.* 167-173), muito fecundas, afortunadas (cf. designação 'Ilhas Afortunadas'). De acordo com Estrabão, situar-se-iam *não muito longe dos promontórios da Maurúsia, que ficam em frente a Gades*, convicção remissiva para a identificação deste lugar ora com a Madeira, ora com as Canárias, que se tornou usual entre os autores antigos.

Ilhas Gimnésias (3. 2. 5, 6; 3. 4. 7; 3. 5. 1) – Denominação correspondente às actuais Ilhas Baleares de Maiorca e Menorca, *situadas diante da Ibéria*, com bons portos e prósperas. Estrabão dá conta de algumas histórias que se associavam a estas ilhas, nomeadamente a da praga de coelhos que teria obrigado os seus habitantes a abandoná-las.

Ilhas Pitiusas (3. 5. 1) – Ebuso (Ibiza) e Ofiusa (Formentera), duas ilhas situadas no Mediterrâneo, mais ou menos diante da foz do Sucro.

Ilipa (3. 2. 2, 3; 3. 5. 9) – Cidade situada junto ao rio Bétis, na Turdetânia, com condições de navegabilidade fluvial para embarcações pequenas e próxima de uma região montanhosa abundante em prata; corresponderá, na actualidade, a Alcalá del Rio, perto de Sevilha.

Índia (3. 5. 5, 6) – A Índia – e também os seus habitantes – é referida incidentalmente por Estrabão, quando fala dos marcos colocados por Alexandre Magno, para indicar o ponto mais extremo a que havia chegado. Insere-se na discussão sobre a utilização de marcos para indicar zonas de fronteira ou os limites extremos de qualquer território, a propósito de determinar qual a localização das Colunas e qual a razão de terem este nome.

Indos (3. 5. 5) – Cf. Índia.

---

[369] Sobre este assunto, cf. Gómez Espelosín et al. 2012: 301 e 352-353, s. u. 'Casitérides'.

Intercracia (3. 4. 13) – Cidade dos Vaceios, situada não longe do curso médio do Douro, embora a sua localização seja incerta.

Iónia (3. 2. 12; 3. 5. 5) – Região grega na costa central da Ásia Menor, na actual Turquia.

Iónios (3. 2. 12; 3. 5. 5) – Estrabão emprega o termo Iónios ora para se referir, de modo particular, aos habitantes da Iónia, atacados pelos Cimérios (cf. 3. 2. 12), ora, por outro lado, para mencionar os Iónios da Grécia continental.

Istmo de Corinto (3. 5. 5) – Istmo que separa a Grécia continental do Peloponeso. É referido por Estrabão no contexto da discussão sobre o costume de edificar colunas, ou outros monumentos semelhantes, em lugares que se entende indicarem limites ou fronteiras. Fala da coluna que separa o Peloponeso da região continental grega ocupada pelos Iónios.

Itália (3. 2. 5, 13; 3. 4. 9; 3. 5. 3) – As menções a Itália enquadram-se em contextos diversos, ora ilustrativos de reminiscências de expedições realizadas por heróis de outrora, ora expressivos de que aquele território era lugar por excelência da chegada de mercadorias enviadas da Ibéria, ora também exemplificativos de que servia como termo de comparação referencial, uma vez que estaria mais próximo da realidade conhecida por Estrabão e pelos seus possíveis leitores.

Itálica (3. 2. 2) – Incluída na enumeração de cidades turdetanas situadas junto do rio Bétis, corresponderá actualmente a Santiponce, nas imediações de Sevilha.

Iulia Ioza (3. 1. 8) – Designação conferida pelos Romanos à antiga cidade de Zélis, vizinha de Tinge, na costa norte ocidental da Líbia; os Romanos terão transferido Zélis *para o lado oposto (=Europa), tendo inclusive levado consigo alguns habitantes de Tinge* e enviado colonos seus para lá. A sua localização é imprecisa, ainda que se coloque a hipótese de poder situar-se na Isla de las Palomas, em Tarifa, na costa gaditana, ou, eventualmente, em Algeciras[370].

Lacónios (3. 4. 3) – Ou Espartanos. Estrabão, seguindo Asclepíades de Mirleia, fala de um movimento de colonização, proveniente da Lacónia, em direcção ao território da Cantábria.

Lartoletos (3. 4. 8) - Um dos povos que Estrabão situa na costa a norte do Ibero (Ebro).

Latinos (3. 2. 15) – Cf. Romanos.

Leetanos (3. 4. 8) – Um dos povos que Estrabão situa na costa a norte do Ibero (Ebro).

Letes [rio] (3. 3. 4, 5) – Cf. Lima [rio].

Líbia (3. 1. 4; 3. 2. 5, 6, 14; 3. 4. 3; 3. 5. 5) – Denominação para o continente africano, cujas *primeiras terras*, a par com os *confins da Europa*, delimitavam o mundo habitado, a ocidente.

Líbios (3. 2. 6; 3. 5. 5) – Habitantes da Líbia.

Ligústica (3. 4. 17) – Região do Sul da Gália, em volta de Massília.

Lima [rio] (3. 3. 4, 5) – Belião, Letes, Lima são diferentes designações relativas ao mesmo curso fluvial, o rio Lima, na actualidade, com nascente na província espanhola de Ourense e foz na cidade portuguesa de Viana do Castelo. No texto estraboniano, o rio Lima surge ora enquadrado na enumeração de outros rios da Lusitânia, ora também associado à história da fixação de Célticos e Túrdulos do vale do Guadiana, no noroeste peninsular.

---

[370] Cf. Gómez Espelosín et al. 2012: 411, s. u. '*Iulia Ioza*'.

Lotófagos (3. 4. 3) – A tradição do povo que come a planta do lótus, que se encontra já na *Odisseia* (cf. 9. 82-104), leva Estrabão a discutir a sua localização, que algumas fontes colocam no interior de África, junto dos Etíopes ocidentais, enquanto outras a vêem na ilha de Meninx (actual Djerba, diante da costa da Tunísia).

Lusitânia (3. 2. 9; 3. 3. 3, 4) – Território do ocidente peninsular com contornos imprecisos, como revela o próprio texto de Estrabão, onde são perceptíveis cambiantes na definição dos seus limites e povos, em consequência da situação histórica da época e, particularmente, da intervenção romana. A Lusitânia compreenderia, num momento determinado, o território entre o Promontório Sagrado, a sul, e o Cabo Nério, a norte, "que responderia a la *regio* geográfica e inicialmente histórica del conflicto del siglo II a. C., incluyendo también a galaicos, vacceos, vetones, carpetanos y oretanos, además de a unos genéricos lusitanos (cf. 3. 3. 1, 2)". Entretanto, decerto após as campanhas do séc. II a. C. (cf. 3. 1. 6), a Lusitânia ver-se-ia situada ao sul do Tejo, "donde quedarían recluídos 'algunos' lusitanos". Uma outra configuração ainda lhe é atribuída em 3 .3. 3, ao desenhá-la entre o Tejo e os Ártabros, "que correspondería a los câmbios administrativos del 27 a. C.". Resta uma imagem da Lusitânia "que comprendería también los territórios del sur del Tajo y oeste del Guadiana, excluindo definitivamente los del norte del Duero, y que se realizaria entre el 7 y 2 a. C., com capital en Augusta Emérita" (cf. 3. 3. 2, 3; 3. 4. 20)[371].

A esta região, *o maior agregado populacional dos Iberos*, com diversos rios navegáveis, o geógrafo de Amásia descreve-a como sendo *próspera em frutos, gado e abundância de ouro, prata e metais semelhantes,* riqueza mal aproveitada pelos Lusitanos em geral, que se dedicavam à pirataria e a guerras. O seu carácter selvagem e incivilizado, particularmente visível nos habitantes das montanhas, torná-los-ia mais resistentes à intervenção romana - por isso, decerto, Estrabão salienta que *a Lusitânia é o [território] combatido durante mais tempo pelos Romanos* (3.3.3).

Lusitanos (3. 1. 6; 3. 2. 9; 3. 3. 1, 2, 3, 6; 3. 4. 13) – Cf. Lusitânia. A designação Lusitanos agrupa diferentes povos num território com limites que se vão redefinindo no texto estraboniano.

Lusões (3. 4. 13) – Um dos povos em que se dividiam os Celtiberos, situado por Estrabão junto das nascentes do Tejo.

Macedónios (3. 5. 6) – Habitantes da Macedónia, a norte do território da Grécia, de onde é originário Alexandre Magno. A referência de Estrabão diz respeito àqueles que acompanhavam Alexandre na sua expedição ao oriente.

Málaga (3. 4. 2, 6, 10, 14) – Cidade, provavelmente de fundação fenícia, com grande relevo comercial, importante para a exportação de *garum* e de minério. Estrabão salienta as relações comerciais com os Númidas, povo que habitava a costa africana diante de Málaga.

Mar Atlântico (3. 1. 7; 3. 4. 4) – Cf. Oceano.

Mar Exterior (3. 1. 3, 7; 3. 2. 7; 3. 4. 16; 3. 5. 3) – Cf. Oceano.

Mar Interior (3. 1. 7) – Cf. Nosso Mar.

Mar Ocidental (3. 4. 12) – Cf. Oceano.

---

[371] A propósito da definição cambiante do território lusitano, cf. Gómez Espelosín et. al. 2012: 412-415, s.u. 'Lusitania'. As frases citadas são retiradas desse volume.

Massília (3. 2. 6; 3. 2. 9; 3. 4. 8) – Actual cidade francesa de Marselha.

Massaliotas (3. 4. 6, 8) – Habitantes de Massília, responsáveis por muita da expansão de origem grega no território peninsular.

Maurúsia (3. 1. 7, 8; 3. 2. 4, 13; 3. 3. 3; 3. 4. 3) – Denominação das terras do ocidente setentrional do continente africano, correspondendo, *grosso modo*, na actualidade, a Marrocos e à Argélia.

Maurúsios (3. 1. 4) – Habitantes da Maurúsia. Gómez Espelosín et al.[372] registam que a designação 'Maurúsios' poderia estar etimologicamente relacionada com o termo grego *mauros*, que significa 'escuro', remetendo para a tonalidade morena deste povo.

Menace (3. 4. 2) – Em Grego, *Mainake*. Discute-se se esta cidade, que Estrabão afirma ser de origem fócia, pode ou não ser Málaga. Estrabão também participa nessa discussão, defendendo que não, já que Málaga tem uma planta fenícia, e asseverando que, não muito longe, se encontram as ruínas de uma povoação grega, que deveria ser Menace / *Mainake*. Esta questão continua a não ter uma resposta satisfatória.

Mégara (3. 5. 5) – Cidade da Grécia, situada entre Atenas e Corinto. Estrabão refere-se-lhe no contexto da discussão sobre o costume de edificar colunas, ou outros monumentos semelhantes, em lugares que se entende indicarem limites ou fronteiras. Fala da coluna que separa o Peloponeso da região continental grega ocupada pelos Iónios de Mégara e da Ática.

Melso (3. 4. 20) – Rio do norte peninsular, situado por Estrabão perto da fronteira entre as Astúrias e a Cantábria.

Meninx (3. 4. 3) – Hoje a ilha de Djerba, situada diante da costa da Tunísia, no golfo que era conhecido como pequena Sirte. Estrabão refere-a como uma das localizações possíveis para os Lotófagos.

Menlária (3. 1. 8) – Cidade próspera, com indústrias de salga de peixe, que poderá talvez corresponder a uma localização na actual enseada de Valdevaqueros, em Tarifa, na província de Cádiz.

Ménoba (3. 2. 5) – Cidade da Turdetânia propiciamente localizada junto a um estuário, favorecedor de navegações e de trocas comerciais; corresponderá eventualmente, na actualidade, a Cerro del Mar, na província de Málaga[373].

Messénia (3. 4. 3) – Região do Peloponeso. Estrabão faz eco de uma tradição, veiculada por Asclepíades de Mirleia, que refere um movimento de colonização, de Gregos provenientes desta região, na Ibéria.

Metagónios (3. 5. 5) – Povo nómada, situado por Estrabão junto do monte Abilix, o promontório que, do lado africano, desenha o estreito de Gibraltar, ou seja, as Colunas de Héracles.

Mileto (3. 2. 2) – Cidade da Ásia Menor cujo território se situa na actual Turquia, surge enquadrada na referência aos confrontos entre César e os filhos de Pompeio: terá sido em Mileto que Sexto Pompeio perdeu a vida.

Minho [rio] (3. 3. 4) – Minho, Báinis são denominações diferentes para o actual rio Minho, um dos maiores da Lusitânia, navegável por oitocentos estádios (148 km) e que marca o limite da campanha de Décimo Júnio Bruto contra os Lusitanos.

---

[372] 2012: 157, n. 33.
[373] Cf. Gómez Espelosín et al. 2012: 423, s.u. 'Menoba'.

Mondego [rio] (3. 3. 4) – Rio que corre, na actualidade, inteiramente por território português, com nascente a este e embocadura a oeste, na cidade da Figueira da Foz. Surge enquadrado numa enumeração de diversos cursos fluviais da Lusitânia, ilustrativa da fertilidade da região, assim como da sua facilidade de navegações.

Monte Cemeno (3. 2. 8) – Cevenas, actualmente, cadeia montanhosa no sul de França, de onde os Gauleses de outrora extrairiam ouro.

Móron (3. 3. 1) – *Cidade bem situada numa elevação perto do rio [Tejo]*, a uns quinhentos estádios do mar, com terra fértil e com facilidades de navegação. Corresponderá, na actualidade, ao sítio arqueológico de Chões de Alpompré, ligeiramente a norte de Santarém. Móron teria sido usada por Décimo Júnio Bruto *como base de operações*, na sua campanha para norte, contra os Lusitanos.

Munda (3. 2. 2; 3. 4. 9) – Cidade turdetana que Estrabão situa perto de Córdoba e a mil e quatrocentos estádios (259 km) de Carteia. Com uma localização incerta, na actual Andaluzia, é associada a topónimos como Montilla ou Alto de las Camorras. Junto desta cidade se teria travado o confronto decisivo entre César e os filho de Pompeio, em 45 a. C.

Nabrissa (3. 1. 9; 3. 2. 5) – Cidade situada na margem de um estuário, nas proximidades da foz do rio Bétis, com facilidades de navegação. Corresponderá, na actualidade, a Lebrija, na província de Sevilha.

Noiga (3. 4. 20) – Cidade que Estrabão situa no norte da península, perto da fronteira entre Ástures e Cântabros, nas proximidades do rio Melso.

Nosso Mar/ *Mare Nostrum* (3. 1. 3, 7; 3. 2. 5; 3. 4. 10, 13, 16; 3. 5. 3) – A relação com o Mar Mediterrâneo e o conjunto de designações que foi acolhendo ao longo dos tempos constituem um dos mais eloquentes espelhos dos vários movimentos de expansão realizados ao longo da Antiguidade por Fenícios, Gregos ou Romanos. No desenho da *Geografia* de Estrabão, funcionando como elemento fundamental da sua arquitectura, evidencia-se a colocação do Mediterrâneo como eixo central, em redor do qual, seguindo os ponteiros do relógio, se realiza o percurso proposto pelo geógrafo. O Mediterrâneo pode quase assumir-se, simbolicamente, como elemento aglutinador, que congrega à sua volta o conjunto da *oikoumene*. Como se compreende, funciona nesta obra como uma das referências fundamentais em termos de localização geográfica.

Nova Cartago (3. 2. 10; 3. 4. 1; 3. 4. 1, 6, 7, 10, 14, 20; 3. 5. 10) – Hoje Cartagena. Fundada por Asdrúbal (229/228 a.C.), é uma das mais importantes cidades da costa mediterrânica, com um importante porto e extrema vitalidade comercial, quer na exportação de minério, quer na de *garum* ou de junco. A sua importância mantém-se durante todo o período romano, disputando a primazia, ainda que sem sucesso, a Tarraco.

Númidas (3. 4. 2) – Povo do norte de África, que Estrabão refere a propósito das trocas comerciais com a região de Málaga, no outro lado do Mediterrâneo.

Numância (3. 3. 4; 3. 4. 12, 13) – Cidade situada perto do Douro superior, era a capital dos Arvaques, o grupo dos Celtiberos que mais resistência ofereceu à presença romana. Situa-se não muito longe de Soria (numa povoação hoje chamada Garray).

Numantinos (3. 4. 13) – Os habitantes de Numância adquirem justa celebridade por ocasião da feroz resistência ao cerco montado pelos Romanos, sob o comando de Cipião Emiliano (134-133 a.C.). Depois de largos meses de cerco, completamente esgotados pela fome e pela doença, os Numantinos decidem não se render e praticam um suicídio colectivo, que finalmente permite a conquista e destruição da cidade. O episódio tem sido erguido como exemplo e símbolo de resistência, sendo muito celebrado nas versões mais nacionalistas e menos neutras das História de Espanha.

Obulco (3. 2. 2; 3. 4. 9) – Hoje Porcuna (província de Jaén). Foi sede do acampamento de César durante o conflito com Pompeio. Passaria por esta cidade um caminho, proveniente de Castalo, que ligaria a Gades, depois de passar por Córdoba.

Oceano (3. 1. 2, 3, 5; 3. 2. 11, 12, 13; 3. 3. 3; 3. 4. 4, 10, 20) – O Oceano é, desde o início da tradição grega, o ponto extremo do mundo e aquele que, rodeando-o, define os seus limites. É, por isso, a região por excelência do desconhecido e do maravilhoso. No entanto, no tempo de Estrabão começa já a haver a noção de que o Oceano corresponde também a uma realidade geográfica, ou seja, que é uma parte do mundo que pode ser conhecida e explorada. Estrabão chega a referir (1. 4. 6.) que é perfeitamente possível que, no Oceano, mais adiante, existam outras terras, para já desconhecidas, o que constitui uma notável antecipação, baseada em raciocínio lógico, da presença do continente americano.

Ocela (3. 4. 3) – Cidade de localização obscura, segundo Estrabão fundada pelo troiano com o mesmo nome, que terá acompanhado Antenor, o fundador de Patávio/Pádua, na sua viagem para Itália.

Odisseia (3. 2. 13; 3. 4. 3) – Cidade que Estrabão insere no contexto da expedição de Ulisses às regiões do extremo ocidental e que localiza nas zonas montanhosas situadas para o interior de Abdera, junto de um templo dedicado a Atena.

Ofiusa (3. 5. 1) – Formentera, a mais pequena das ilhas Pitiusas, não habitada no tempo de Estrabão. O nome Ilha das Cobras, presente em Estrabão, também se encontra em Pompónio Mela (2. 7) e em Plínio (*H. N.* 3. 76), e poderá referir-se à presença abundante de serpentes, hoje impossível de comprovar. Mela afirma que a ilha estava infestada de serpentes, mas que era possível evitá-las ao usar como defesa terra da ilha vizinha, Ebuso (Ibiza), que, espalhada à volta do visitante, teria o poder de afugentar as cobras.

Oidasuna (3. 4. 10) – Hoje Irún, na província de Guipúzcoa, País Basco. Em alguns manuscritos designada como Oiasuna, versão que é seguida em algumas edições. Cidade dos Vascos. A sua localização é importante como ponto de saída para norte, para o Oceano, a partir do vale do Íbero (Ebro).

Oleastro (3. 4. 6) – Cidade localizada por Estrabão junto da costa mediterrânica, entre Sagunto e a foz do Íbero (Ebro). A sua localização exacta é problemática.

Ónoba (3. 2. 5; 3. 5. 5) – Hoje Huelva. Estrabão atribui-lhe fundação fenícia. Do período romano, há sinais da existência de salgas, de indústria cerâmica e, possivelmente, de actividade comercial relacionada com o minério extraído em territórios próximos, no interior.

Oráculo de Menesteu (3. 1. 9) – O Oráculo de Menesteu situar-se-ia na embocadura do rio Bétis, próximo da Torre de Cepião. Gómez Espelosín et al. sublinham que o nome do lugar, associado a um herói grego, "constituye uno de los abundantes ejemplos de helenización de los espacios mediterrâneos desde una erudición griega[374]".

---

[374] 2012: 459-460, *s. u.* 'Puerto Menesteo'

Oretânia (3. 1. 6, 3. 3. 2; 3. 4. 12) – Região situada perto das nascentes do Sucro e do Bétis, tem como cidades principais Castulo e Oria. Era uma região de grande exploração mineira.

Oretanos (3. 1. 6; 3. 2. 1; 3. 3. 2; 3. 4. 1, 2, 12, 14) – Povo que habita a região entre as nascentes do Sucro e do Bétis, embora Estrabão também refira a sua presença junto da costa. Estrabão referencia-o sem lhe atribuir quaisquer características peculiares.

Oria (3. 3. 2) – Uma das cidades principais da Oretânia, que corresponderá actualmente a Granátula de Calatrava, na província de Ciudad Real.

Oróspeda (3. 4. 10, 12, 14) – Cadeia montanhosa do sul da península, segundo Estrabão, que entende como unificado aquilo que, na realidade, é um conjunto de zonas montanhosas distintas. Parte, segundo Estrabão, do centro do território, de junto da Idúbeda, e inflecte depois, paralela à costa, até à região de Málaga, ou mesmo até às Colunas de Héracles. Divide a zona região costeira do interior, criando uma fronteira natural, quebrada por algumas vias de comunicação e, sobretudo, pelos rios.

Osca (3. 4. 10) – Hoje Huesca (Aragão). Foi o centro de operações de Sertório e foi aí que este comandante instituiu a sua administração, que incluía um senado e pretendia funcionar à imagem das instituições romanas.

Ossónuba (3. 2. 5) – Cidade situada na margem de um estuário, identifica-se, hoje, com Faro. "A sua posição estratégica no caminho das rotas marítimas entre o Mediterrâneo e o Atlântico trouxe-lhe muitos benefícios[375]".

Óstia [porto] (3. 2. 6) – Porto de Roma onde chegavam enormes navios comerciais com produtos exportados pela Turdetânia, demonstrando a importância de que o território ibérico se revestia para os Romanos.

Pax Augusta (3. 2. 15) – Cidade também conhecida como *Pax Iulia*, numa alusão a hesitações relativas à data do seu repovoamento de forma mista, com autóctones e cidadãos romanos, mais provável com César do que com Augusto. Corresponde, na actualidade, a Beja.

Palância (3. 4. 13) – Hoje Palência. Cidade na região dos Vaceios. Estrabão atribui-a aos Arvaques, possivelmente como reflexo de um período de resistência à presença romana em que este povo adquiriu alguma preponderância no conjunto dos Celtiberos. Está, além disso, documentado o auxílio prestado pelos Vaceios aos Arvaques durante o período de resistência aos Romanos.

Palma (3. 5. 1) – Cidade de uma das Ilhas Gimnésias, a maior delas (Maiorca), situada na zona ocidental da ilha.

Partos (3. 4. 15) – Povo da Ásia Menor, conhecido pela qualidade dos seus cavalos, que Estrabão compara aos cavalos da Ibéria, apresentados como em nada inferiores àqueles.

Patávio (3. 5. 3) – Pádua, cidade da Itália. É referida por Estrabão em contraposição com Gades, pois Patávio é o único exemplo, segundo o recenseamento que cita, de uma cidade com maior número de membros da ordem equestre do que a cidade do sul da Ibéria.

Peloponeso (3. 5. 5) – Esta península grega é referida por Estrabão no contexto da discussão sobre o costume de edificar colunas, ou outros monumentos semelhantes, em lugares que se entende indicarem limites ou fronteiras. Fala

---

[375] Alarcão e Barroca 2012: 156, s. u. 'Faro'.

da coluna que separa o Peloponeso da região continental grega ocupada pelos Iónios.

Peloro [torre de] (3. 5. 5) – Torre situada no cabo siciliano que fica junto do estreito de Messina, actualmente denominado cabo Faro ou cabo de Messina.

Pirenéus (3. 1. 3; 3. 2. 8; 3. 3. 7; 3. 4. 1, 6, 7, 8, 9, 10, 11, 19, 20) – A cadeia montanhosa que constitui a fronteira entre a Ibéria e a Gália é compreensivelmente usada muitas vezes por Estrabão como elemento referencial para o seu desenho do quadro geográfico da Península. Ao apresentá-la com uma orientação sul-norte (e não, como efectivamente acontece, este-oeste), ficam também evidentes algumas das limitações dos conhecimentos geográficos da época e das fontes a que Estrabão recorreu.

Planctas (3. 2. 12; 3. 5. 5) – Tradicionalmente situadas no Mar Negro e relacionadas com o mito dos Argonautas e com as dificuldades de travessia até à Cólquida (cf. *Od.* 12. 55. sqq), não apresentam em Estrabão uma localização segura, porquanto o autor as associa quer à entrada do Estreito das Colunas, quer à entrada do Estreito da Sicília.

Planésia (3. 4. 6) – Pequena ilha que Estrabão situa, tal como Plumbária, perto de Hemeroscópio. A sua localização é controversa.

Planície do Funcho (3. 4. 9) – Planície situada entre Empório e Tarraco, na qual existiria muito funcho, planta com uso medicinal. Estrabão coloca-a no traçado da Via Augusta. Cícero refere-se-lhe, incidentalmente, em *Ad Att.* 12. 8.

Pleutauros (3. 3. 7) – Nome incluído na alusão a povos do norte peninsular com designações que o geógrafo de Amásia considerava *obscuras*, impronunciáveis.

Plumbária (3. 4. 6) – Pequena ilha, que Estrabão situa próximo de Hemeroscópio, cuja localização é controversa.

Polência (3. 5. 1) – Uma das duas cidades de Maiorca, a maior das Ilhas Gimnésias. Estava situada no lado este da ilha.

Pompelona (3. 4.10) – Pamplona. Capital dos Vascos, refundada em 72/71 por Pompeio, na sequência da sua vitória sobre Sertório. O nome então atribuído à cidade é uma homenagem ao comandante romano, como Estrabão também sublinha.

Ponto (3. 2. 6; 3. 4. 15) – Ponto Euxino ou Mar Negro, na Ásia Menor. Estrabão refere-se-lhe sempre em termos comparativos, quer para elogiar a indústria ibérica de salga de peixe, quer para explicar que apenas o produto das glândulas abdominais dos castores do Ponto tinha aplicação medicinal, não acontecendo o mesmo com os castores ibéricos.

Porto de Menesteu (3. 1. 9) – Porto localizado na costa meridional da Península, a seguir a Gades, na direcção do Promontório Sagrado, antes dos estuários de Asta e de Nabrissa, segundo Estrabão. Ptolomeu, por seu turno, situa-o entre os Túrdulos da costa de Gades, indicação que sugeriu a sua localização no Puerto de Santa María ou no Castillo de Doña Blanca, na província de Cádiz[376].

Porto dos Ártabros (3. 3. 5) – Cf. Cabo Nério/ Porto dos Ártabros.

Promontório Sagrado (3. 1. 3, 4, 5, 6, 9; 3. 2. 4, 11; 3. 3. 1) – Actual Cabo de S. Vicente, no Algarve, de acordo com a identificação tradicional do lugar; há todavia quem coloque a hipótese de o identificar com o Cabo Finisterra, na Corunha[377]. Ocupa lugar de relevo no tomo III da *Geografia*, porquanto

---

[376] Cf. Gómez Espelosín et al. 2012: 459, s. u. 'Puerto de Menesteo'.
[377] Cf. Gómez Espelosín et al. 2012: 449-450.

é considerado como o ponto mais ocidental da *oikoumene*, a partir do qual se definiam as orientações meridional e ocidental da costa ibérica. É difícil precisar o momento em que este espaço adquire um carácter sagrado, que é reconhecido pela descrição estraboniana do local. A designação Cabo de S. Vicente estará relacionada com a lendária localização nesse lugar do túmulo do santo[378]. Cf. *Cuneus/ Cúneo*.

Querroneso (3.4.6) – Será actualmente Peñiscola / Península (Comunidade Valenciana). O nome grego Querroneso significa 'península', o que parece reforçar esta localização, já que parte da localidade se situa numa pequena península.

Régio (3. 5. 5) – Cidade situada na península itálica, a Sul, mesmo junto ao estreito de Messina, que separa esta península da Sicília.

Ródano (3. 4. 19) – Rio da Europa, nasce no centro do continente, no actual território da Suíça, e desagua no Sul de França, junto a Arles.

Rode (3. 4. 8) – Cidade situada perto de Empório, um pouco mais a Norte, é também uma cidade grega, como aquela. Estrabão, como outros na Antiguidade, atribui-lhe uma fundação pelos habitantes de Rodes, mas tem-se vindo a defender que seria de fundação massaliota. Haveria grande proximidade com Empório, como documentam os vestígios arqueológicos.

Ródios (3. 4. 8) – Habitantes da ilha de Rodes.

Roma (3. 2. 5, 6; 3. 4. 9; 3. 5. 3) – A cidade de Roma aparece, neste Livro III, essencialmente como um lugar de partida ou chegada, tanto de pessoas como de mercadorias, com destino à Ibéria ou provenientes desta.

Romanos (3. 1. 6, 8; 3. 2. 1, 6, 14, 15; 3. 3. 3, 5, 8; 3. 4. 5, 6, 13, 18, 19, 20; 3. 5. 1, 2, 11) – As referências aos Romanos, no livro III da *Geografia*, assentam, como seria natural, na sua presença na Ibéria, seja a respeito do confronto com os Cartagineses, seja a propósito das longas campanhas contra os povos da Península, seja devido aos confrontos resultantes das guerras civis que foram, ao longo do tempo, envolvendo várias facções romanas. No entanto, o elemento fundamental da imagem que Estrabão nos transmite dos Romanos – e esse elemento claramente sobreleva todos os outros – é que a presença dos Romanos na Ibéria constitui um importante factor de civilização, que se traduz numa influência benéfica sobre todos aqueles povos cujos hábitos se vão progressivamente aproximando dos Romanos.

Sagunto (3. 4. 6, 9; 3. 5. 1) – Cidade situada entre Sucro e a foz do Ibero (Ebro), Estrabão atribui-lhe uma fundação grega, com origem na ilha de Zacinto, ainda não comprovada arqueologicamente. É a conquista de Sagunto por Aníbal que serve de ignição à Segunda Guerra Púnica.

Santuário de *Lux Dubia* (3. 1. 9) - Terá sido talvez um lugar de culto na costa da região de Cádiz, provavelmente dedicado a Ártemis/ Vénus marinha. Gómez Espelosín et al. enumeram alguns santuários dedicados a Ártemis/ Vénus marinha na costa ibérica[379].

Salácia (3. 3. 1) – Alcácer do Sal, na actualidade, nas proximidades do estuário do Sado, rio que flui pela cidade.

Salcietas (3. 2. 6) – Referência provável aos habitantes de Alcácer do Sal. Alguns editores emendam Salcietas para Salacietas.

---

[378] Cf. Gómez et al. 2012: 459.
[379] 2012: 385, s. u. 'Fósforo'

Sardenha (3. 2. 5, 7) – Esta ilha no Mar Mediterrâneo é referenciada ora como um ponto de passagem no itinerário até à Itália continental, ora como eventual fornecedora de uma bolota produzida por um *carvalho que se dá no mar.*

Segeda (3. 4. 13) – Actualmente situada em Belmonte-Mara (Saragoça). Estrabão apresenta-a como cidade dos Arvaques. Pertenceria, de facto, aos Belos, grupo populacional a que Estrabão não alude. A menção do geógrafo pode referir-se a um momento em que os Arvaques, de algum modo, teriam aglutinado outros povos, durante o esforço de resistência à presença romana[380].

Segesama (3. 4. 13) – Cidade de localização incerta, possivelmente pertencente aos Vaceios.

Segóbriga (3. 4. 13) – Será, hoje em dia, Cabeza de Griego, Saelices (Cuenca). Plínio (3. 25) coloca-a num dos extremos da Celtibéria (*caput Celtiberiae*, ou seja, entendida a cabeça como uma das zonas extremas de um corpo). Estrabão refere-a a propósito dos combates entre Metelo e Sertório.

Sergúncia (3. 4. 12) – Cidade dos Vaceios, situada não muito longe de Numância. A sua localização exacta é controversa.

Setábio (3. 4. 9) – Hoje Játiva (Xàtiva), Valência. Encontrava-se no percurso da Via Augusta. Seria importante a sua produção de linho, mencionada por Catulo (12. 14).

Sicília (3. 2. 2, 12, 13) – A alusão a este território italiano do Mar Mediterrâneo surge associada ora à actuação de Sexto Pompeio, ora à inspiração poética que o Estreito que o separa da península itálica suscitou, ora ainda aos vestígios aí deixados por expedições de heróis do passado.

Simplégades (3. 2. 12; 3. 5. 5) – Cf. Ciâneas.

Sinope (3. 2. 6) - Colónia grega na costa sul do Mar Negro, famosa pela produção de ocre vermelho.

Sirtes (3. 4. 3; 3. 5. 5) – Dois golfos situados na costa do Norte de África, um deles, mais extenso, na costa da Líbia (grande Sirte), o outro na costa da Tunísia (pequena Sirte).

Sisapão (3. 2. 3) – O geógrafo de Amásia localiza Sisapão nas proximidades de uma região montanhosa abundante em minério, e estabelece uma diferença entre a Antiga e a Nova, locais que poderão corresponder, respectivamente, a La Bienvenida (Almodóvar del Campo), e a Cerro de las Monas (Almadén), na província de Ciudad Real.

Sucro (3. 4. 5, 14; 3. 5. 1) – Rio (actual Júcar) e cidade do mesmo nome (possivelmente a actual Cullera). Fica mais ou menos a meio caminho entre Nova Cartago e a foz do Ibero (Ebro) e, como acontece com a grande maioria das zonas fluviais, marca uma região de contactos e trocas comerciais com o interior do território.

Tarraco (3. 4. 7, 9, 10, 20; 3. 5. 1) – Tarragona. A mais importante cidade da Hispânia Citerior, embora, durante algum tempo, esse estatuto tenha sido disputado por Nova Cartago. A sua importância é sublinhada por factos como o ter sido a cidade escolhida por Cipião para o seu desembarque na Hispânia (218 a.C.), por Tibério Graco para licenciar os veteranos das suas tropas e reorganizar o seu exército (180 a.C.), por Júlio César para, em 49 a.C., reunir uma grande assembleia provincial, na sequência da sua vitória sobre os partidários de Pompeio, em Ilerda, ou, ainda, por Augusto, que aí se demorou entre 26 e

---

[380]   Cf. Gómez Espelosín et al. 2012: 465.

24 a.C., quando se retirou dos combates da campanha cantábrica, devido a doença. Muito usada como porto para a navegação (embora Estrabão faça eco de uma controvérsia entre Eratóstenes e Artemidoro sobre a existência ou não de um porto na cidade),Tarraco situava-se numa importante zona em termos das comunicações por terra, já que por lá passava a Via Augusta, que ligava os Pirenéus e Empório a Córdoba, e estava também próxima da importante via que percorria o vale do Ibero (Ebro), passando por Osca, Pompelona, até Oiasuna. Além disso, havia também uma via de ligação, por mar, até Nova Cartago, com passagem pelas Baleares. A importância da cidade tornou-se crescente ao longo da época imperial[381].

Tártaro (3. 2. 12) – Situado nas profundezas do Hades, era *a última das regiões subterrâneas*, lugar de castigo, brumoso e distante.

Tartesso (3. 2. 11, 12, 14) – Denominação de uma cidade de outrora, muito próspera, situada entre as duas embocaduras do rio Bétis, no extremo ocidente da *oikoumene*, com frequência identificada com Gades ou com Carteia. Aí reinara Argantónio durante muitos anos, como explica Estrabão, e até esse lugar se teriam dirigido as expedições de heróis como Héracles ou Ulisses, contadas por Homero. O geógrafo de Amásia sublinha, contudo, a falsa relação etimológica entre 'Tartesso' e 'Tártaro'[382].

Tartesso [rio] (3. 2. 11) – Cf. Bétis [rio].

Tartésside (3. 2. 11) – Designação que teria sido outrora atribuída ao território onde se situava a cidade de Tartesso, entre as duas embocaduras do rio Bétis, região que estaria ocupada pelos Túrdulos na época de Estrabão. Segundo Eratóstenes, a denominação Tartésside indicaria a zona a seguir a Calpe.

Tejo (3. 1. 6; 3. 2. 3; 3. 3. 1, 3, 4, 5; 3. 4. 12, 13) – Extenso rio peninsular, atravessa a Ibéria de este para oeste, passando por território dos Celtiberos, dos Carpetanos, dos Vetónios e dos Lusitanos, até desaguar em Olisipo (Lisboa). Banha vários territórios extremamente férteis. Estrabão dá especial destaque ao seu muito amplo estuário e à navegabilidade a larga distância para o interior do rio.

Tinge (3. 1. 8) – Território do ocidente setentrional do continente africano, era vizinho da cidade de Zélis; para aí se dirigiam as navegações a partir de Belon, na costa meridional da Ibéria. Segundo Estrabão, os Romanos teriam levado habitantes de Tinge para povoar *Iulia Ioza* (cf. *Iulia Ioza*).

Tírios (3. 4. 5; 3. 5. 5) – Habitantes de Tiro, na Fenícia. São referidos por Estrabão a propósito da expansão fenícia em direcção à Península.

Torre de Cepião (3. 1. 9) – A Torre de Cepião terá sido edificada no local hoje designado como Chipiona por Quinto Servilio Cepião, cônsul romano (140-139 a. C.) responsável pela morte de Viriato, ou por seu filho, homónimo do pai, que em 109 a. C. celebrou uma vitória sobre os Lusitanos[383]. A sua função seria eminentemente pragmática – servir de orientação aos navios.

Trácios (3. 4. 17) – Cf. Citas.

Troféus de Pompeio (3. 4. 1, 7, 9) – Monumento erigido nos Pirenéus, junto do caminho que ligava a Ibéria à Itália, comemorava a vitória de Pompeio sobre

---

[381] Cf. Arrayás Morales 2004; Gómez Espelosín et al. 2012: 475-478.

[382] A propósito da controvérsia relacionada com Tartesso, cf. Gómez Espelosín et al. 2012: 478-482, s. u. 'Tarteso'.

[383] Cf. Alarção 2010: 118 sqq., em particular, 120.

as forças de Sertório, em 71 a.C. Está situado no que é hoje o alto de Pertús, não longe de La Junquera. Seria uma pequena torre, com uma estátua de Pompeio no topo.

Tróia (3. 2. 13) – Cidade da Ásia Menor, palco do mítico conflito entre Aqueus e Troianos. A guerra de Tróia interessa sobretudo a Estrabão neste volume enquanto associada a expedições de diversos heróis.

Túcis (3. 2. 2) – Actual cidade de Martos, na província de Jaén. Inclui-se na enumeração de cidades turdetanas próximas de Córdoba e associadas às lutas entre os filhos de Pompeio e César.

Turdetânia (3. 1. 6, 8; 3. 2. 1; 3. 2. 4, 6, 7, 8, 13, 14; 3. 4. 3) – Região a Sul da Ibéria, que engloba o curso médio-baixo do Guadiana e se estende, para este, até à região superior do Bétis, incluindo Córdoba. Vem a confundir-se com a região administrativa a que se deu o nome de Bética (estabelecida no período de Augusto, quando a chamada Hispânia Ulterior foi segmentada em Lusitânia e Bética), que tinha a sua capital em Córdoba, a mais importante cidade da Turdetânia.

Turdetanos (3. 1. 6; 3. 2. 9, 15) – Habitantes do sul peninsular, classificados como *os mais cultos entre os Iberos,* e em relação aos quais Estrabão realça a adaptação ao estilo de vida dos Romanos, de uma forma pacífica.

Túrdulos (3. 1. 6; 3. 2. 11, 15; 3. 3. 5) – Segundo Estrabão, 'Túrdulos' e 'Turdetanos' são nomes equivalentes para designar o mesmo povo, na sua época. Não deixa contudo de observar que Políbio situa os Túrdulos a norte dos Turdetanos.

Úlia (3. 2. 2) – Hoje Montemayor, na província de Córdoba. É enumerada na sequência de outras cidades da Turdetânia que estiveram implicadas no conflito entre César e os filhos de Pompeio.

Urso (3. 2. 2) – Actual Osuna, na província de Sevilha. Insere-se na listagem de cidades turdetanas próximas de Córdoba e associadas às campanhas dos filhos de Pompeio contra César.

Vaceios (3. 3. 2, 3, 4; 3. 4. 12, 13) – Povo situado na região do curso médio do Douro. Estrabão estende a sua presença até ao rio Lima. A sua principal cidade seria Acúcia.

Vascos (3. 3. 7; 3. 4. 10) – Povo do extremo nordeste peninsular, ocuparia uma região que não coincide com as fronteiras actuais do País Basco, restringindo-se às zonas costeiras de Guipúzcoa e ao norte da actual província de Navarra. As suas principais cidades são Calagurris, Pompelona e Oiasuna.

Vetónios (3. 1. 6; 3. 3. 1, 2, 3; 3. 4. 12, 16) – Povo da zona ocidental da meseta hispânica, confina a oeste com os Lusitanos, a sul com os Carpetanos, a este com os Celtiberos e a norte com os Vaceios. Estrabão sublinha o seu carácter selvagem, ao relatar o episódio em que estes homens, num acampamento romano, se espantam diante de comandantes militares que passeiam, ou seja, que se deslocam sem um destino ou propósito aparente.

Vouga [rio] (3. 3. 4) – Rio que flui paralelo ao Tejo, no território português, desaguando a oeste, em Aveiro. Enquadra-se numa enumeração de diversos cursos fluviais da Lusitânia, ilustrativa da fertilidade da região.

Zélis (3. 1. 8) – Cf. *Iulia Ioza.*

ÍNDICE DE FONTES ANTIGAS[384]

---

[384] Referem-se apenas as fontes explicitamente utilizadas por Estrabão neste volume.

BIBLIOGRAFIA

EDIÇÕES, TRADUÇÕES E COMENTÁRIOS

Cardoso, J. (trad.), (1994), *A Geografia da Ibéria segundo Estrabão*. Edições APPACDM Distrital de Braga, Braga.

Gómez Espelosín, J., Cruz Andreotti, G., García Quintela, M. (trads.), (2012, 2ª ed.), *Geografía de Iberia. Estrabón*. Alianza Editorial, Madrid.

Jones, H. L. (ed. e trad.), (1960), *The Geography of Strabo*. Cambridge, Massachusetts: Harvard University Press.

Lasserre, F. (ed. e trad.), (1966), *Strabon. Géographie* (Livres III-IV). Les Belles Lettres, Paris.

Meana, M. J. y Piñero, F. (trads.), (1992), *Estrabón. Geografía*. Libros III-IV. Gredos, Madrid.

Radt, S. (ed. e trad.), (2002-2006), *Strabons Geographika. Band 1. Prolegomena. Buch I-IV. Band 5. Abgekürz zitierte Literatur. Buch I-IV: Kommentar*. Vandenhoeck & Ruprecht, Göttingen.

Roller, D.N. (trad.), (2014), *The Geography of Strabo*. Cambridge University Press, Cambridge.

Trotta, F. (trad.), (2008, 3ª ed.), *Strabone. Geografia. Iberia e Gallia*. BUR, Milano.

Veloso, F. J. e Cardoso, J. (trad.), (1965), *Estrabão. Livro III da Geografia. Primeira contribuição para uma edição crítica*. Centro de Estudos Humanísticos, Porto.

ESTUDOS

(2005), *Paleohispanica 5. (Acta Palaeohispanica*, IX). Disponível em http://ifc.dpz.es/ publicaciones/ver/id/2622 [Consultado a 31 de maio de 2015].

Alarcão, J. (2007, 4ª ed.), *O domínio romano em Portugal*. Publicações Europa-América, Mem Martins.

Alarcão, J. (1999), "Populi, castella e gentilitates", *Revista de Guimarães* 1 (especial): 133-150.

Alarcão, J. (2001), "Novas perspectivas sobre os Lusitanos (e outros mundos)", *Revista Portuguesa de Arqueologia* 4. 2: 293-345.

Alarcão, J. (2010), "Ficaria na Galiza a cidade de *Celtica Flauia*?", *Conímbriga* 49: 7-14.

Alarcão, J. (2013), "A costa portuguesa em Artemidoro", *Revista Portuguesa de Arqueologia* 13: 107-123.

Alarcão, J. e Barroca, M. (coords.), (2012), *Dicionário de arqueologia portuguesa*. Figueirinhas, Porto.

Alberto, P. F. (1996), *Viriato*. Inquérito, Mem Martins.

Álvarez Martí-Aguilar, M. (1999), "Notas sobre el papel de Estrabón en la historiografia española, del Renacimiento a la Ilustración", in G. Cruz Andreotti (coord.),

Estrabón e Iberia: nuevas perspectivas de estudio. Servicio de Publicaciones de la Universidad de Málaga, Málaga, 31-61.

Arrayás Morales, I. (2004), "Tarraco, capital provincial", *Gérion* 22: 291-303.

Aujac, G. (1966), *Strabon et la science de son temps.* Les Belles Lettres, Paris.

Bermejo Barrera, J. C. (1987), "La géopolitique de l'ivresse dans Strabon", *Dialogues d'histoire ancienne* 13 : 115-145.

Bertrand, J.-M. (1989), "De l'emploi des métaphores descriptives par les géographes de l'Antiquité", *Dialogues d'Histoire Ancienne* 15. 1: 63-73.

Bowman, A. K., Champlin, E. and Lintott, A. (eds.), (1996, 2ª ed.), *The Cambridge ancient history: the augustan empire – 43 B.C-AD 69*, Vol. 10. Cambridge University Press, Cambridge.

Canto, A. M. (2001), "Sinoicismo y stolati en *Emerita, Caesaraugusta y Pax:* una relectura de Estrabón III 2. 15", *Gerión* 19: 425-476.

Chic García, G. (1991), "Estrabón y la práctica de la amalgama en el marco de la minería sudhispánica: un texto mal interpretado", in C. González Román (ed.), *La Bética en su problemática histórica*. Granada, 7-29.

Churruca, J. (2001), "Le commerce comme élément de civilization dans la *Géographie* de Strabon", *Revue Internationale des Droits de l'Antiquité* 48: 41-56. Disponível em http://www2.ulg.ac.be/vinitor/rida/2001/de%20churruca.pdf. [Consultado a 2 de junho de 2015].

Clarke, K. (1997), "In Search of the Author of Strabo's *Geography*", *JRS* 87: 92-110.

Cortijo Cerezo, M. L. (2004), "Reflexiones sobre las ciudades de la Bética recogidas en la *Geografia* de Estrabón", *Espacio, tiempo y forma* 15, s. II: 119-138.

Crook, J. A., Lintott, A., and Rawson, E. (eds.), (1994, 2ª ed.), *The Cambridge ancient history: the last age of the roman Republic – 146-3 B.C.*, Vol. 9. Cambridge University Press, Cambridge.

Cruz Andreotti, G. (coord.), (1999), *Estrabón e Iberia: nuevas perspectivas de estudio.* Servicio de Publicaciones de la Universidad de Málaga, Málaga.

Cruz Andreotti, G. (1994), "La visión de Gades en Estrabón. Elaboración de un paradigma geográfico", *Dialogues d'histoire ancienne* 20: 57-85.

Cruz Andreotti, G., Le Roux, P., Moret, P. (eds.), (2006-2007), *La invención de una geografía de la Península Ibérica. I. La época republicana. II. La época imperial.* Servicio de publicaciones del Centro de Ediciones de la Diputación de Málaga / Casa de Velázquez de Madrid, Málaga e Madrid.

Dalby, A. (2003), *Food in ancient world from A to Z.* Routledge, London and New York.

Dewald, C. and Marincola, J. (eds.), (2007), *The Cambridge companion to Herodotus.* Cambridge University Press, Cambridge.

Diller, A. (1975), *The Textual Tradition of Strabo's Geography.* Hakkert, Amsterdam.

Domínguez Monedero, A. (1988), "Los romanos e Iberia como tema histórico en la *Geografia* de Estrabón", in *Actas del II Congreso Andaluz de Estudios Clásicos.* Málaga, 177-183.

Domínguez Monedero, A. J. (1984), "Reflexiones acerca de la sociedad hispana reflejada en la *Geografía* de Estrabón", *Lucentum* 3: 201-218.

Drijvers, J. W. (1999), "Strabo 17.1.18 (801C): Inaros, the Milesians and Naucratis", *Mnemosyne* 52: 16-22.

Dueck, D. (1999), "The Date and Method of Composition of Strabo's *Geography*", *Hermes* 127: 467-478.

Dueck, D., Lindsay, H. and Pothecary, S. (eds.), (2005), *Strabo's Cultural Geography. The Making of a* Kolossourgia. Cambridge University Press, Cambridge.

Fabião, C. (1998), "O vinho na Lusitânia: reflexões em torno de um problema arqueológico", *Revista Portuguesa de Arqueologia* 1. 1: 169-197.

Fabião, C. (2009), "Cetárias, ânforas e sal: a exploração de recursos marinhos na Lusitânia", *Estudos Arqueológicos de Oeiras*: 555-594.

García Gálvez, I. (1986), "Una aproximación a la *Geografía* de Estrabón", *Revista de filología de la Universidad de la Laguna* 5: 195-204.

García y Bellido, A. (1959), "Las colonias romanas de Hispania", *Anuario de Historia del Derecho español* 29: 447-512.

Gómez-Fraile, J. M. (1999), "Los conceptos de 'Iberia' e 'Ibero' en Estrabón", *SPAL* 8: 159-187.

González Ponce, F. J. (1990), "Estrabón, *Geografía* III.5.1 [C 167] y la concepción hodológica del espacio geográfico", *Habis* 21: 79-92.

Guerra, A. (1995), *Plínio-o-Velho e a Lusitânia*. Lisboa.

Kim, L. (2007), "The Portrait of Homer in Strabo's *Geography*", *CPh* 102: 363-388.

Koelsh, W. A. (2004), "Squinting Back at Strabo", *Geographical Review* 94: 502-518.

Leão, D. e Mantas, V. (2009), "O farol de Alexandria", in J. R. Ferreira, L. N. Ferreira (orgs.), *As sete maravilhas do mundo antigo: fontes, fantasias e reconstituições*. Lisboa, 109-125.

Lindsay, H. (1997), "Syme's Anatolica and the date of Strabo's *Geography*", *Klio* 79: 484-507.

Lippman, M. B. (2004), "Strabo 10.2.4 and the Synoecism of 'Newer' Pleuron", *Hesperia* 73: 497-512.

López Férez, J. A. (2006), "Los celtas en la literature griega de los siglos VI-I a.C.", *Cuadernos de filología clásica – Estudios Griegos e Indoeuropeos* 16: 45-84.

Lourenço, F. (2005, 2ª ed.), *Homero. Ilíada*. Livros Cotovia, Lisboa.

Lourenço, F. (2005, 6ª ed.), *Homero. Odisseia*. Livros Cotovia, Lisboa.

Mora Serrano, B., Cruz Andreotti, G. (coords.), (2012), *La etatpa neopúnica en Hispania y el Mediterráneo centro ocidental: identidades compartidas*. Universidad de Sevilla, Sevilla.

Nakassis, D. (2004), "Gemination at the Horizons: East and West in the Mythical Geography of Archaic Greek Epic", *TAPhA* 134: 215-233.

Nenci, G. (1990), "L'Occidente barbarico", in G. Nenci (ed.), *Hérodote et les peuples non grecs*. Entretiens sur l'Antiquité Classique 35. Vandoeuvres-Genève, 301-318.

Pais, E. (1908), *Ancient Italy*. University of Chicago Press, Chicago.

Pothecary, S. (1995), "Strabo, Polybius, and the Stade", *Phoenix* 49: 49-67.

Pothecary, S. (1997), "The Expression 'Our Times' in Strabo's *Geography*", *CPh* 92: 235-246.

Pothecary, S. (1999), "Strabo the Geographer: His Name and Its Meaning", *Mnemosyne* 52: 691-704.

Pothecary, S. (2002), "Strabo, the Tiberian Author: Past, Present and Silence in Strabo's *Geography*", *Mnemosyne* 55: 387-438.

Prontera, F. (1990), "L'estremo Occidente nella concezione geográfica dei Greci", in *La Magna Grecia e il lontano Occidente – Atti del ventinovesimo convegno di studi sulla Magna Grecia*, Tarento, 55-82.

Prontera, F. (1996), "Note sul Mediterraneo occidentale nella cartografia ellenistica", in M. Khanoussi, P. Ruggeri y C. Vismara (eds.), *L'Africa romana*. Ozieri, 335-341.

Prontera, F. (1999), "Notas sobre Iberia en la *Geografía* de Estrabón", in G. Cruz Andreotti (coord.), *Estrabón e Iberia: nuevas perspectivas de estudio*, Málaga: Servicio de Publicaciones de la Universidad de Málaga, 17-20.

Prontera, F. (2003), *Otra forma de mirar el espacio: Geografía e Historia en la Grecia antigua*. Ed. y trad. de G. Cruz Andreotti. Centro de Ediciones de la Disputación de Málaga, Málaga.

Richardson, J. S. (2004, 2ª ed.), *Hispaniae. Spain and the Development of Roman Imperialism, 218-82 BC*. Cambridge University Press, Cambridge.

Rocha Pereira, M. H. (1953-1954), "Acerca do Hades em Hesíodo", *Humanitas* 2-3 n.s.: 65-70.

Rocha Pereira, M. H. (2009, 10ª ed.), *Hélade: antologia da cultura grega*. Guimarães Editores, Lisboa.

Rocha Pereira, M. H. (2012, 12ª ed.), *Estudos de História da Cultura Clássica: Cultura Grega* - Vol I. Fundação Calouste Gulbenkian, Lisboa.

Rodríguez Fernández, P. (1990), "Estrabón, III, 3, 7-8; 4, 16-18", *Memorias de historia antigua* 11-12: 233-238.

Santos Yanguas, J., Cruz Andreotti, G. (eds.), (2012), *Romanización, fronteras y etnias en la Roma antigua: el caso hispano*. Universidad del País Vasco, Vitoria-Gasteiz.

Schenkeveld, D.M. (1976), "Strabo on Homer", *Mnemosyne* 29: 52-64.

Silva, A. C. F. (1986), *A cultura castreja no noroeste de Portugal*. Câmara Municipal de Paços de Ferreira, Paços de Ferreira.

Syme, R. (1995), *Anatolica: Studies in Strabo*. Clarendon Press, Oxford.

Thollard, P. (1987), *Barbarie et civilisation chez Strabon: étude critique des livres III et IV de la* Géographie. Les Belles Lettres, Paris.

Tristão, L. S. (2012), *Armas e ritos na II Idade do Ferro do Ocidente Peninsular*. Dissertação de Mestrado em Arqueologia apresentada na Faculdade de Ciências Sociais e Humanas da Universidade Nova de Lisboa. Lisboa. Disponível em http://webcache.googleusercontent.com/search?q=cache:e1BQgcvM-58J:run.unl.pt/

bitstream/10362/7893/1/Tese%2520Armas%2520e%2520Ritos%2520II%252
0Idade%2520do%2520Ferro%2520no%2520Ocidente%2520Peninsular%2520.
pdf+&cd=2&hl=pt-PT&ct=clnk&gl=pt [Consultado a 2 de novembro de 2015].

Urso, G. (ed.), (2002), *Hispania terries omnibus felicior. Promesse ed esiti di un processo di integrazione*. Edizioni Ets, Pisa.

Vliet, E. Ch. L. van der (2003), "The Romans and Us: Strabo's *Geography* and the Construction of Ethnicity", *Mnemosyne* 56: 257-272.

www.ingramcontent.com/pod-product-compliance
Lightning Source LLC
Chambersburg PA
CBHW060404090426
42734CB00011B/2252